Cuthbert William Johnson

Über die Vertiefung des Ackerbodens

Cuthbert William Johnson

Über die Vertiefung des Ackerbodens

ISBN/EAN: 9783955623357

Auflage: 1

Erscheinungsjahr: 2013

Erscheinungsort: Bremen, Deutschland

@ Bremen-university-press in Access Verlag GmbH, Fahrenheitstr. 1, 28359
Bremen. Alle Rechte beim Verlag und bei den jeweiligen Lizenzgebern.

Ueber

die Vertiefung

des

Ackerbodens

von

Cuthbert William Johnson Esq.

Aus

dem Englischen übersetzt

von

William Motherby,

Med. Dr., derzeitigem Director des Vereins zur Beförderung
der Landwirthschaft zu Königsberg in Preußen.

Nebst einem Vorworte des Uebersetzers und einer Abbildung
des Smith'schen Untergrunds = Pflugs.

Königsberg, 1841.
Bei Gräfe und Unzer.

Ankündigung des Verfassers.

Die günstige Aufnahme des größeren Theil dieser Blätter, die derselbe bei dem Quartely Journal of Agriculture Vol. X. pag. 338. gefunden, ist die Veranlassung geworden, den Aufsatz nochmals, jedoch besonders und in erweiterter Form, im Druck erscheinen zu lassen.

Die Wichtigkeit des Themas bedarf wohl kaum einer Andeutung; denn der Gegenstand ist von der Art, daß er mit dem Fortschritt des Landbaues in der genauesten Verbindung steht, der eine Wissenschaft geworden, die nie vorschreitet, ohne das Gedeihen und das Glück aller Glieder des Gemeinwesens zu erhöhen.

1*

Indem ich hiermit mich nochmals an die Englischen Landwirthe wende, und ihnen die Erfolge meiner Versuche und Beobachtungen nahmhaft mache, kann ich nicht umhin, ihnen meinen Dank auszusprechen für die Güte, womit sie bei mancher früheren Gelegenheit meine anspruchslosen Bemühungen zur Vermehrung ihrer Wohlfahrt aufgenommen haben.

Vorwort des Uebersetzers.

Eben selbst praktisch beschäftigt mit einem vergleichenden Versuche im Kleinen über die einem strengen Lehmboden erforderliche Tiefe der Beackerung, mußte mich eine so klare, vielseitige und auf einer Menge genau angestellter Versuche beruhende Auseinandersetzung dieses wichtigen Gegenstandes, wie die vorliegende des Herrn Johnson ist, ungemein anziehen und erfreuen, und da ich die Aufgabe darin sowohl praktisch wie theoretisch für gelöst erachte, so hielt ich es für meine Pflicht, die höchst lehrreiche kleine Schrift dem deutschen landwirthschaftlichen Leser hiermit zugänglicher zu machen, und dies um so mehr, als kleinere englische Aufsätze, so werthvoll sie immer sein mögen, viel seltener übersetzt in den deutschen Buchhandel überzugehen pflegen als größere Werke dieser Nation, deren wir vielleicht eher uns entrathen könnten, indem allgemeine Auffassungen und systematische Zusammenstellungen mehr und sicherer im deutschen Geiste und in deutscher Art liegen dürften.

Nicht ohne eigne Genugthuung habe ich auch in dem Büchelchen mehrfache Bestätigungen von einzelnen Andeutungen gefunden, die ich in einem kleinen Aufsatze in den Verhandlungen zur Beförderung der Landwirthschaft in Preußen, pag. 177. im 2ten Heft des Jahrgangs 1838 gegeben habe.

Es ist eine gleichzeitig auftretende und auffallende Erscheinung, daß Verbesserungen und Fortschritte in der Landwirthschaft, wenn dieselben von England ausgehen, fast allgemein von deutschen landwirthschaftlichen Schriftstellern wie von deutschen praktischen Landwirthen gebührend gewürdigt und oft sogar hoch gestellt, dabei aber auch in der Regel sofort als praktisch bei uns unausführbar oder als bei uns nicht rentirend wieder beseitigt werden, und so vergessen und vernachlässigt liegen bleiben. Die Deutschen scheinen mir aber fast mehr wie billig vor dem übergroßen Reichthum der Engländer zu erschrecken, mit dem jene allerdings hunderterlei kostspielige Versuche anstellen können und wirklich anstellen, ohne sich selbst wehe zu thun — das Factum gebe ich zwar gerne zu, und wünschte von Herzen, auch wir könnten eben so rücksichtslos in dieser Hinsicht verfahren — eben so wahr bleibt es auch, daß climatische und bürgerliche Verhältnisse, die geographische Lage, zumahl unseres hohen Nord-Ostens, die schwache

Bevölkerung, das Schwankende unserer Handels-Verhältnisse u. s. w. störend bei uns eintreten — aber ich darf auch fragen: sind denn alle Versuche der Engländer so gewagt und so kostspielig, und wollen wir denn mit Gewalt das eben so sichere Factum übersehen, daß die Engländer auch zu rechnen verstehen, und daß zuletzt der ganzen Nation die vielen kostbaren und Jahre lang durchgeführten Versuche einzelner reicher Individuen unentgeltlich zu Gute kommen, die nun dadurch Fortschritte im Allgemeinen macht, die uns oft überschwänglich und unerreichbar erscheinen? und ferner, ob wir nicht auch selbst oft genug, im Verhältnisse unsrer Mittel, kostbare Versuche und Neuerungen anstellen, und ob wir nicht häufig nur darin fehlen dürften, daß wir unser kärgliches Vermögen auf Gegenstände verwenden, die nur kleine Hülfen schaffen nicht aber zur Basirung einer besseren und einträglicheren Wirthschaft gründlich beitragen? Will man einen schwer empfundenen Uebelstand beseitigen, so beschnitzele man nicht die luftige Krone dieses Giftbaums, sondern nehme die Axt zur Hand und fasse ihn kräftig bei der Wurzel — symptomatische Beseitigungen helfen nichts, eine Radikal-Cur ist allemal von Nöthen! die ersteren täuschen nur und kosten auch Geld, und zwar ein weggeworfenes, die letztere dagegen hilft wirklich, und darum ist ihre Kostspieligkeit keine wahre sondern nur eine scheinbare und nichts mehr als eine temporaire Auslage, die sich über kurz oder lang ersetzt, reichliche Zinsen trägt, und zuletzt uns oder unsere Nachkommen reich macht, die Wissenschaft des Landbaues aber selbst nachhaltig fördert und hebt.

Was ist es, das uns vor Allem fast überall Noth thut, wenn wir einen neuen Grundbesitz übernehmen, auf dem der Vorbesitzer nicht hat bestehen können? Das Abgraben ist es, um endlich dem Boden das schädliche Wasser zu entziehen, das tiefere Äckern ist es, um, selbst bei anfangs mäßigem Dünger-Vorrath, die tiefer gelegenen Erdschichten zur Fruchtbarkeit allmählig zu erheben, indem man sie auch allmählig zur Ackerkrume macht! Und diese beiden wesentlichen Punkte sind es, deren Wichtigkeit, ja Unentbehrlichkeit zur Hebung einer jeden Wirthschaft Herr Johnson in dieser kleinen Schrift zur Evidenz bringt. Der Aufsatz ist im Original nicht eben kurz gefaßt, sondern bespricht den Gegenstand vielseitig und ausführlich, aber dafür ist derselbe auch ein wichtiger, ein selbst in England noch mehr zu beherzigender, als bisher wohl geschehen sein mag. Ich habe ihn meinerseits auch nicht kürzer fassen können und wollen, und bitte den deutschen Leser, nicht ungeduldig zu werden — ich verspreche ihm eine reichliche Ausbeute für seine Beharrlichkeit, und wage es sogar, als Vertheidiger dieser nationellen Eigenthümlichkeit der Engländer aufzutreten.

Der Engländer nämlich, wenn er Thatsachen, zumal wichtige und neue behandelt, und praktisch-bedeutende Folgerungen aus diesen Thatsachen ziehen will, verfährt in der Regel so gewissenhaft dabei, wie bei Abfassung eines gerichtlichen Documents; vor allen Dingen soll die Thatsache als wahr und richtig festgestellt werden; dazu bedarf er der Anführung mancher Nebenumstände, vieler Zeugnisse bewährter Autoritäten und selbst bestätigender früherer Beobachtungen und Erfahrungen, theils um den zu Belehrenden den leichtesten Weg zur Einsicht zu führen, theils um jeden möglichen nicht begründeten sondern blos oberflächlich aufgefaßten und leichthin ausgestoßenen Einwürfen Ein für allemal vorzubeugen. Wer also nicht den ersten begründenden Satz, das Factum, umzustoßen im Stande ist, den fürchtet er nicht, sondern zieht ihn trotz aller Dialectik keck auf sein Territorium zu sich herüber, wo er selbst recht eigentlich zu Hause ist, auf das Feld der Praxis nämlich und des Könnens, und nicht allein des bloßen Wissens! Und so ist es auch hier. —

, In Bezug auf den Gegenstand des vorliegenden Aufsatzes erlaube ich mir nur noch zwei Worte: wie, wer ein solides Haus aufführen will, sich zuvörderst einen festen, dichten und compacten Grund sichern muß, eben so dringlich wird gegentheils derjenige, der Pflanzen jeglicher Art wachsen lassen und wachsen machen will, aufgefordert sein, das Haupt-Medium alles vegetabilischen Wachsthums, den Boden, fast in allen Fällen locker und durchdringlich für die Wurzeln, zugänglich gegen die atmosphärischen Einwirkungen zu machen; — hievon nehme ich selbst den fliegenden Sand nicht aus — denn wenn ein solcher, wie allbekannt, selbst wenig zu produziren vermag, so sitzt derselbe doch häufig genug auf einem ganz anderen und besseren Untergrunde auf, dessen man sich sofort durch ein tieferes Eindringen zu bemächtigen im Stande ist. Keine Pflanze wird tiefer gehen, als ihr nützlich ist — dies ist nie zu fürchten, denn jedes organische Natur=Product weiß ohne Belehrung in dem, was ihm gebührt, von selbst die Gränze zu finden — nur hindernd darf der Mensch nicht eintreten, einmal erkannte Hemmungen darf er nicht bestehen, und Mittel und Wege zur Beseitigung nicht unversucht lassen, sonst trotzt er der Natur oder er läßt sie unbeachtet, und für beides rächt sich diese über kurz oder lang unwiderruflich an dem Schuldigen.

Es dürfte vielleicht in dem neueren Betriebe des Landbaues kein Unternehmen so wichtig in seinen Resultaten sein, als die Vertiefung des Bodens auf mechanischem Wege — eine Operation, die bewirkt wird, entweder durch Ueberfahren der Oberfläche mit Erdarten, als Kreide, Mergel, Lehm oder Sand, je nach der Beschaffenheit des Natur-Bodens, oder dadurch, daß man das Quantum der Ackerkrume auf noch leichtere und weniger kostbare Weise vermehrt, indem man tiefer in den Boden einbringt, sei es mit dem Spaten oder dem neu erfundenen Untergrunds-Pflug (Subsoil-Plough). Auf eben die hierauf bezüglichen Methoden wünsche ich in aller Kürze die Aufmerksamkeit des Lesers zu lenken.

Vielfache Erörterungen haben stattgefunden über die Vortheile des Untergrund-Pflügens, und dürften die abweichenden Ansichten darüber wohl nur von einer Nichtbeachtung der chemischen Wirkungen dieser neuen Ackerungsmethode entstanden sein, die man auch die Deanstonsche Methode nennt, weil sie zuerst durch Herrn Smith in Deanston in Stirlingshire (Schottland) zu allgemeiner Kunde gelangt ist, als derselbe 1836 sie vor dem landwirthschaftlichen Committé des Unterhauses einer Prüfung unterwarf.

Nach diesem System wird der Untergrund durch einen Untergrunds-Pflug, wovon es mehrere Gattungen giebt, lediglich gebrochen und gepulvert und zwar bis zur Tiefe von 14—20″, ohne selbst auf die Oberfläche gebracht zu werden, oder sich irgend wie mit der Ackerkrume zu vermischen. Nach dem Verlauf von 4—5 Jahren findet man erfahrungsmäßig den Untergrund nach diesem vorgängigen Rühren schon zum Theil in einem Zustande, um durch ein tiefes Pflügen nun mit Vortheil an die

Oberfläche gebracht zu werden, da er mittlerweile durch die Einwirkung der schon in Etwas zu ihm gedrungenen Atmosphäre, vielleicht auch durch eine theilweise Vermischung mit der oberen Ackerkrume, hinlänglich mürbe und fruchtbar geworden ist.

Eine nothwendige Folge dieses Untergrunds-Pflügens ist es, daß die dauernden unterirdischen Abzugs = Canäle (underdrains) auf so behandelten Ländereien etwas tiefer gelegt sein müssen, als sonst wohl von den Landwirthen geschieht; die Abzugs-Rinnen zu Deanston liegen bei ihrem Anfangspunkte schon in einer Tiefe von 22″ unter der Oberfläche, so daß sie von dem nachher arbeitenden Untergrunds = Pfluge vollkommen unberührt bleiben*)

Da die Beschreibung dieses schätzbaren Pfluges nicht allgemein genug bekannt werden kann, so will ich sie mit den eignen Worten des Herrn Smith hier hersetzen**):

„Der Untergrunds = Pflug ist nach Grundsätzen gebaut worden, die am besten dem Zweck entsprechen, den Untergrund vollständig umzubrechen und zwar bis zu einer Tiefe, die eine durchgreifende Cultur möglich macht, d. h. 14—16″, während die alte schon fruchtbare Ackerkrume ruhig auf der Oberfläche liegen bleibt — nach Grundsätzen,

1. um zur möglichst leichten Zugkraft im Verhältniß zur Tiefe der Furche und der Festigkeit des Untergrundes zu gelangen;

---

*) Bei der landwirthschaftlichen Versammlung zu Netherby im September 1839, sagte Sir James Graham: — „Nach einer kürzlich gemachten Entdeckung, auf die ich vielen Werth lege, ich meine die Methode des tieferen Pflügens, bin ich völlig überzeugt, daß ich sowohl mich selbst, als auch Sie, meine Herren, getäuscht, indem ich die Abzugs = Rinnen mit gebrannten Thon = Röhren zu flach gelegt habe. Ich habe seit kurzem sie alle viel tiefer gelegt, und liegt die zu oberst liegende Röhre wenigstens 30″ unter der Oberfläche, in der Absicht, um das Tiefer = Pflügen bei mir einzuführen. S. British Farmer's Magazine, Band 3. pag. 458.

**) Remarks on Thorough Draining & Deep Ploughing by James Smith Esq. pag. 18. Stirling 1840.

2. zur Erlangung der nöthigen Kraft und Schwere des In=
struments, um die härteste Erdschicht zu durchdringen,
und um den Stößen festliegender Steine zu widerstehen
— und zuletzt;

3. um alle Steine unter 200 Pfund Gewicht heraus zu
werfen.

Alles dieses ist in Deanston ausgeführt und praktisch
erwiesen worden, auf einem Flächenraum von wenigstens
200 Acres (1 Acre = 1⅔ M. M.) verschiedener Bodengat=
tungen, so auch an mehreren Orten in England, Schottland
und Irland, und zwar mehrere Ackerungsperioden hindurch.

Der Pflug erfordert vier starke Pferde, einen gewandten
Pflüger und einen Jungen, die Pferde anzutreiben und beim
Wenden zu beachten. Bei ungewöhnlich festem oder steinigem
Boden dürften auch wohl sechs Pferde, 3 und 3 neben einan=
der gespannt, nothwendig sein.

Vor dem Untergrundspfluge geht ein gewöhnlicher Pflug,
mit 2 Pferden bespannt, vorauf, der eine große offene Furche
in der Ackerkrume auswirft; der ihm folgende Untergrundspflug
schlitzt und bricht den Untergrund selbst kräftig auf, und so
wird die zweite Furche in der Ackerkrume über die vorher ge=
öffnete Untergrundsfurche geworfen; nachdem nun die Steine,
die der Untergrundspflug herausgebracht hat, von einem Jungen
auf das gepflügte Land zur Seite geworfen worden, geht die
Arbeit so fort das ganze Feld zu Ende. Der Junge muß einen
Sack mit hölzernen Pflöcken bei sich haben, um die Stellen da=
mit zu markiren, wo die großen festliegenden Steine sich befinden,
die der Untergrundspflug nicht heraus zu werfen vermochte, und
die späterhin mit der Picke ausgegraben oder vielleicht auch ge=
sprengt werden müssen. Die Kosten des Untergrund=Pflügens
können für den Schott. Acre (etwas größer wie der Engl. Acre)
auf 24 bis 30 Sh. (ohngefähr 8—10 Thlr. Pr.) berechnet
werden, die mithin nur den 5ten Theil der Kosten der Spaten=
bearbeitung zur nämlichen Tiefe betragen, wobei die erstere im
Allgemeinen eben so wirksam sein dürfte als die letztere.

Nachdem das Land, welches mit dem Untergrunds=Pfluge geöffnet worden, die erste Rotation durchgemacht hat, können nun einige Zoll des gelockerten Untergrundes mit dem gewöhnlichen Pfluge in die Höhe gebracht und mit der tragbaren Ackerkrume vermischt werden, und so allmählich weiter, im Verhältniß zu der steigenden Verbesserung des Untergrundes.

Bei reicherem Untergrunde ist es bisweilen vortheilhaft, sogleich bis zur völligen Tiefe des gebrochenen Untergrundes denselben vermittelst der ersten Anwendung des **Trench-plough's** (Rajol=Pflugs) in die Höhe zu bringen. Der Rajol=Pflug, zu diesem Zwecke empfohlen, muß in der Form des Wilkie'schen Pfluges construirt sein, alle seine Dimensionen aber doppelt genommen werden; man kann sich dazu auch des alten schottischen Pfluges bedienen, aber ebenfalls in doppelt großen Dimensionen. Solche Pflüge verlangen sechs Pferde, 3 und 3 neben einander gespannt, einen Pflüger und einen 2ten Mann zur Führung der Pferde, wenn man die Sache vollständig gut machen will. Diese Operation muß vorgenommen werden, wenn man die Winterfurche aufnimmt, als Vorbereitung zum Frühjahrs=Futterfelde, und je früher nach der Erndte, um so besser. Bei Berechnung der Kosten dieser Operation kann man das Pferd mit 4 S. incl. Abnutzung sämmtlicher Instrumente und Geschirre annehmen, um alle Kosten zu decken, was 24 S. beträgt; 2 Mann zu 2 S. giebt 4 S.; und eine Junge, um die Steine abzubringen 1 S., alles in allem demnach 29 S. oder 9 Thlr. 20 Sgr.

Da die Arbeit schwer ist, so kann der Gang der Pferde nur langsam sein, und es werden in der Regel acht Arbeitsstunden erfordert, um einen Acre vollständig zu bearbeiten. Die Kosten dieser Operation könnten beinahe erschrecken; bedenkt man aber, daß eine solche Pflugarbeit wirksamer ist, das Unkraut zu vernichten und den Boden der Luft gebührend zugänglich zu machen als zwei gewöhnliche Pflugarbeiten, so können wir die Kosten dieser zwei letzteren mit 20 S. abziehen, und so bleibt für das Tief=Pflügen nur die Mehrausgabe von 9 S. übrig.

Wenn ein Acker durch Abzugsrinnen förmlich trocken gelegt, tief gearbeitet und gut gedüngt worden ist, so wird der unfruchtbarste Boden bald ein reicher Boden sein, und sich mit dem Naturboden bester Qualität im Lande messen können, und wenn er früher nur dürftige Erndten einer gemeinen Habergattung*) zu bringen vermochte, so wird er jetzt gute Erndten von 32—48 Bushels**) Weizen, 30—40 Bushels Bohnen, 40—60 Bushels Gerste und 48—70 Bushels frühen Haber per Acre liefern, der Kartoffeln, Turnips, Runkelrüben und Möhren, frisch verflittert, nicht zu gedenken, wobei alle guten Landwirthe übereinstimmen, daß diese Gegenstände die wahren und ächten Dünger=Producenten sind.

Es ist kaum möglich, alle Vortheile gehörig zu würdigen, die ein trockner und tiefer Boden dem Landwirthe schafft. Eine jede landwirthliche Operation wird dadurch erleichtert und wohlfeiler gestellt — schon ein geringeres Quantum von Saat und Dünger bewirken, was sie sollen — man gelangt leichter mit dem Acker zu derjenigen Gahre, die die frühe Einsaat bedingt, ein Gegenstand von großer Bedeutung in unserm unzuverlässigen Clima — und es ist nicht zu bezweifeln, daß das Clima selbst sich allmählig bessern müsse, wenn immer mehr und mehr Länderrien trocken gelegt werden."

So weit Herr Smith.

In diesem Falle, wie bei den jüngsten Neuerungen zum Besten des Landbaues, hat der Eifer der Beförderer dieselben bisweilen zu weit geführt; sie haben sogar zuversichtlich behauptet, daß das Untergrunds=Pflügen in den mehresten Local-Verhältnissen selbst die Wasserabzüge (drains) unnöthig mache, eine Behauptung, die doch der sanguinischeste Apostel des Untergrunds=Pfluges wohl nicht gewagt haben würde, wenn er

---

*) Anmerkung des Uebersetzers: Es ist nicht Nachläßigkeit, sondern Ueberzeugung von der Richtigkeit, wenn ich jederzeit Haber schreibe und nicht Hafer — es ist solches sprachlich zu erweisen.

**) 1 Bushel circa 10½ Metz berl. Maaßes.

sich die Zeit genommen hätte zu bedenken, daß bloße Vertiefung des Bodens, obgleich gewiß geeignet, die Einsaugung atmosphärischer Feuchtigkeit zu befördern, wahrlich nur in seltenen Feld-Situationen im Stande sein dürfte, Acker-Quellen (Sprinde) und stehenden Gewässern Abfluß zu verschaffen, ja es sind vielmehr die durch diese beiden Verfahrungs-Weisen zu erreichenden Zwecke sich einander vollkommen entgegengesetzt.

Das Untergrunds-Pflügen beabsichtigt, den Wurzeln der Pflanzen allmählig eine größere Masse gesunder Nahrung und Feuchtigkeit zuzuführen, die andere sehr kostbare Unternehmung aber soll jene Feuchtigkeit fortschaffen, sobald dieselbe — sei es aus welcher Ursache es wolle — so übermäßig wird, daß eine gesunde Vegetation darunter leidet; und dieses Fortschaffen der schädlichen Nässe kann gewiß nur unter sehr bestimmten Acker-Lagen durch den bloßen Gebrauch des Untergrunds-Pfluges bewerkstelligt werden, und auch da nur in sehr beschränkter Grenze, z. B. nur in solchem Fall, wo entweder der Mittel- oder der Untergrund eine so dünne Schichte bildet, daß er vom Pfluge vollständig durchdrungen wird, und so die obere Ackerkrume durch das Aufbrechen des Mittelgrundes, in unmittelbare Berührung mit dem Untergrunde gebracht, das Wasser selbst stärker einzusaugen vermag, als die Mittelschichte, die bisher beide von einander trennte*).

_____

*) In der ökonomischen Versammlung zu Manchester im Oktober 1839 bemerkt Herr Smith: „daß der Untergrunds-Pflug nicht nur von Wirkung in Deanston gewesen wäre, sondern seine Anwendung sich auch über viele Grafschaften in England, Schottland und Irland verbreitet hätte, ja er sei sogar bei dem widerspänstigen Boden von Westindien eingeführt worden. Er kenne, sagte er, viele Beispiele seines Erfolgs auf leichten, kiesigten und moorigten Bodenarten, und erwähnte namentlich eines Falls, wo derselbe auf einem solchen Boden in Perthshire versucht worden wäre, und worauf eine der glänzendsten Gersten-Erndten gefolgt sei; er habe auch Nachrichten von Landwirthen, die den Pflug auf allen Bodengattungen versucht hätten, auf Kiesel, Grand und Moor, auf ebenem Boden, auf strengem Lehm und fast auf jeder Gattung von Untergrund, wie

Was ich gesonnen bin, in dieser Schrift zu untersuchen, ist folgendes:

1. worin besteht die chemische Einwirkung der Atmosphäre auf den gelockerten Untergrund?

2. auf welche Weise wird der Untergrund durch solche Behandlung der über ihm stehenden Vegetation nützlicher? und

3. die Zeugnisse praktischer Landwirthe, welche über diesen Gegenstand abgelegt worden sind.

---

derselbe sich auf unseren Inseln vorfindet — und alles das ohne ein einziges Beispiel des Mißglückens! Er wurde bei der Versammlung oft befragt über die Paßlichkeit des Untergrunds-Pflügens vor geschehenem Draining, worauf er erwiderte, daß wenn der Boden einen natürlichen Wasser-Abzug hätte, indem er auf kiesigem oder sandigem Untergrunde säße, alsdann der Untergrunds-Pflug sofort gebraucht werden könne, und zwar mit Sicherheit und Vortheil — wenn aber der Unterboden thonig oder sonst streng und unburchlassend sei, dann müsse der Untergrunds-Pflug ausgesetzt bleiben, bis der Acker durch Draining sein Wasser verloren hätte, indem in solchem Falle das Pflügen des Untergrundes nur eine um so tiefere Schichte eines lockeren Bodens machen würde, die also eine um so größere Masse Wassers in sich aufnehmen würde, was doch eben vermieden werden soll. S. Brit. Farm. Mag. Bd. 111. pag. 450.

Anmerkung des Uebersetzers: Diese letztere Argumentation scheint mir keine richtige zu sein, und die Beschränkung des Gebrauchs und des Nutzens des Untergrunds-Pfluges sowohl bei Herrn Johnson als bei Herrn Smith selber auf einer zu großen Aengstlichkeit zu beruhen. Es steht allerdings unumstößlich fest, daß ein von Hause aus durchlassender und poröser Untergrund stagnirendes und dadurch so schädliches Wasser nicht buldet, mithin Underbrains entbehrlich macht; ich frage aber: was ist denn die erste unmittelbare Wirkung des Untergrunds-Pfluges bei strengem und unburchlassenden Untergrunde? Offenbar doch die der Lockerung desselben bis auf einen gewissen Grad und eine gewisse Tiefe — wird aber der nun gelockerte Untergrund nicht sofort dadurch auch verhältnißmäßig durchlassender, und ist der Untergrunds-Pflug dadurch nicht gewissermaßen an die Stelle der so kostbaren unterirdischen Wasserabzüge (Underdrains) getreten? und wenn es auch richtig ist, daß der Untergrund, so tief er gelockert worden, genau um so viel mehr Wasser aufnehmen wird, so kann

Indem ich auf diese Untersuchungen eingehe, will ich um der Folgerung halber annehmen, wie es auch mehrentheils richtig ist, daß die Mischung des Untergrundes, chemisch betrachtet, fast dieselbe ist wie die der Ackerkrume, und daß sie Beide Kieselerde, Thonerde und kohlensauren Kalk in sehr ähnlichen Verhältnissen enthalten, und daß in der oberen Ackerkrume nur eine größere Masse zersetzbarer organischer Substanzen befindlich ist. Und dennoch ist diese Annahme, obgleich mehrentheils richtig, nicht in allen Fällen eine faktische Wahrheit, denn es ergiebt sich nicht nur häufig

---

solches der oberen Ackerkrume doch nimmer zum Nachtheil gereichen, indem jedenfalls um so viel Wasser mehr sich in den gelockerten Untergrund einzieht, als dieser schlucken kann, mithin sich in selben Verhältnisse von der oberen Ackerkrume weiter entfernt, als früher, da der feste Untergrund kein Wasser einsaugen konnte, sondern dasselbe mit Gewalt nach der über ihm liegenden Ackerkrume zurück drängte. Gewiß ist Behufs einer durchgreifenden Trockenlegung eines Ackerstücks die Anwendung der Underdrains das erste und Hauptmittel, deshalb aber wirkt doch auch schon der Untergrunds-Pflug, obwohl im minderen Grade, dennoch zum selben Zweck, und zwar gewiß mindestens, ohne nebenbei irgend einen Nachtheil der Ackerkrume zuzufügen, indem bei undurchlassendem Untergrunde, wohl verstanden in völlig ebener Lage des Ackers, das Wasser ebenfalls nicht unter der Krume über dem ungebrochenen und steinharten Untergrunde fortlaufen und sich verziehen wird — in hügelichten Gegenden kann solches eher erfolgen. Nach alle diesem kann ich auch nicht den folgenden Aeußerungen beistimmen, wo es heißt: Herr W. Rham (ein Geistlicher) sagt: der Untergrundspflug thut Wunder auf Ländereien mit einem porösen Untergrunde, auch allein angewandt: wird derselbe aber auf strengem und nassem Boden ohne vorgängiges Draining gebraucht, so thut er ihm Schaden, weil ohne ihn das Wasser von der Oberfläche ablaufen würde. S. Journal of the Engl. Agric. Society Bd. 1. pag. 262.; denn selbst zugegeben, daß sich das schädliche Wasser auch in ebener Lage des harten Untergrundes verziehen, d. h. abfließen könne, so wird derselbe Vortheil auch durch den Untergrunds-Pflug erreicht, nur auf andere Weise, dort durch Abfließen des Wassers und hier vermöge der Lockerung des Untergrundes durch Aufnahme des stagnirenden Wassers in einer Tiefe, in der es der fruchtbaren Oberkrume nicht mehr schädlich werden kann.

die Verschiedenheit der Zusammensetzung durch eine chemische Untersuchung, sondern es werden die Resultate der chemischen Analyse auch noch vielfach durch die Praxis der Landwirthe unterstützt und bestätigt, so z. B. finden die Spaten=Arbeiter fast ohne Ausnahme das Rajolen höchst vortheilhaft, und fast überall ist ein flach geschälter Acker nur eine andere Benennung eines armen und dürftigen Bodens. So auch bringen die Landleute der Kreide = Gegenden von Sussex, Dorsetshire, Wiltshire und Hampshire mit großem Vortheil ihren Kreide= Untergrund in die Höhe und streuen ihn in bedeutenden Massen über die Oberfläche. Das nehmliche thun auch an vielen Orten die Pächter von Essex und Suffolk mit ihrem Untergrunde von Lehm oder Mergel, auf denen die Ackerkrume unmittelbar auf= sitzt; und sie halten solches für ein sehr nützliches Verfahren, weil die verschiedenen Erdarten, die jedem Boden seine Frucht= barkeit geben, zugleich aber auch die nothwendigen Bestand= theile der gewöhnlich cultivirten Pflanzen ausmachen, durch die stets sich wiederholenden Erndten zwar nur allmählig, doch auch ununterbrochen vom Acker abgeführt werden, sich aber demnach eben durch das Rajolen auch mit der Zeit eine günstige Gele= genheit wieder darbietet, den Boden mit jenen fruchtbaren Erd= arten aufs Neue zu bereichern, die sich vielleicht im Untergrunde befinden, deren der Acker auf seiner Oberfläche mit der Länge der Zeit verlustig gegangen sein kann. Dieses wesentliche Vor= handensein jener Erdarten in den gewöhnlich angebauten Vege= tabilien ist weit beträchtlicher in Quanto, als man gewöhnlich glaubt, wie solches aus einer chemischen Analyse von 2 Pfund von jeder der folgenden Getreide=Saamen und des Roggen= strohs sichtbar wird, wobei die gewonnenen Erdarten und metallischen Oxyde eines jeden genau nach Granen gewogen worden[*]).

---

[*] S. Gehlen's Journal Bd. 111. pag. 525.

	Weizen.	Roggen.	Gerste.	Haber.	Roggnstr.
Kieselerde	13,2.	15,6.	66,7.	144, 2.	152,0.
Kohlensauer-Kalk (Kreide)	12,6.	13,4.	24,8.	33,75.	46,2.
Kohlensaure Magnesia	13,4.	14,2.	25,3.	33, 9.	28,2.
Alaun (Thonerde)	0,6.	1,4.	4,2.	4, 5.	3,2.
Mangan-Oxyd	5,0.	3,2.	6,7.	6,95.	6,8.
Eisen-Oxyd	2,5.	0,9.	3,8.	4, 5.	2,4.*)

Diese Thatsachen können von dem Landwirth nicht sorgfältig genug beachtet werden, denn er wird bekennen müssen,
daß trotz aller wahren oder eingebildeten Kräfte, die eine Pflanze
besitzen mag, Wasser, atmosphärische Gase oder solche, die sich
durch Fäulniß entwickeln, zu absorbiren oder zu zersetzen, um
rein vegetabilische Substanzen daraus zu bilden, dennoch selbst
der scharfsinnigste Physiker niemals den Schluß daraus gezogen
hat, daß die Pflanze die magische Eigenschaft besäße, durch
dergleichen Combinationen Erden, Alkalien und Metall-Oxyde
hervorzubringen, die so unveränderlich und so wesentlich die
constituirenden Bestandtheile der Pflanzen ausmachen, wie der
Kohlenstoff, der Wasserstoff und der Sauerstoff, die im ganzen
Pflanzenreich so allgemein verbreitet sind. Die erste große
Klasse der Bestandtheile mag allerdings und wird auch ganz
gewiß aus der Atmosphäre und dem Wasser absorbirt, und
durch irgend eine geheime Kraft der Pflanze zu neuen Verbindungen umgestaltet, aber die Erden können lediglich aus dem
Boden aufgesogen werden**)

---

*) Hierin liegt der Grund, daß Getreide ausführende Länder
allmählig verarmen, durch den anhaltenden Verlust nehmlich ihrer organischen und erdigten Substanzen, die in dem Getreide ihrem Boden
zugleich entzogen werden — so ist Sicilien, einst die fruchtbarste Be-
sitzung der Römer und die Kornkammer des Mittländischen Meeres,
zur Zeit arm und unfruchtbar.

**) Bei der Versammlung zu Lytham im Oktober 1839 be-
merkte Herr Fair, indem er von schweren, streng-gebundenen Bodenarten sprach: „daß Moorerde und kalkhaltige Substanzen, einem
widerspänstigen Boden zugesetzt, große Lockerung und beträchtliche
Verbesserung des Bodens bewirken. „Bei Bodengattungen dieser
Art giebt es allerdings keine zweckmäßigere Cultur. Brit. Farm.
Magaz. Bd. 3. pag. 460.

Die chemische Wirkung des Aufbruchs und der Pulverung des Untergrundes ist gewiß der Pflanze auf zwiefache Weise vortheilhaft, neben anderen, die uns wahrscheinlich bis jetzt noch unbekannt sind; erstens: sie machen den Boden lockerer und für die Wurzeln oder deren feinere Fasern auf größere Tiefe zugänglich, und vermehren dadurch den Nutzen der im Untergrunde etwa enthaltenen sich zersetzenden Substanzen oder erdigten Ingredienzien, und zweitens öffnen sie den Boden in hohem Grade für den Eintritt der Atmosphäre, in Folge dessen nicht nur ein größeres Quantum von Sauerstoffgas den Wurzeln der Pflanzen zugeführt wird, sondern auch mehr Feuchtigkeit, und zwar nicht nur aus dem Boden selbst, sondern auch aus der Atmosphäre, und es möge jeder Landbauer ja bedenken, daß diese Feuchtigkeit bei jeder Witterung in demselben Verhältniß, als sie in der Atmosphäre enthalten ist, auch ununterbrochen von dem Boden eingesogen wird, und daß dieselbe im reichsten Maaße in der Luft vorhanden ist, wenn die Pflanzen ihrer am meisten bedürfen, d. h. beim wärmsten und trockensten Wetter *).

Diese Eigenschaft des Bodens, Feuchtigkeit aus der Atmosphäre einzusaugen, und die Wichtigkeit, solches durch tieferes Pulvern zu verstärken, werden noch lange nicht im gebührenden Maaße gewürdigt, obgleich es dem Landwirth ein leichtes ist, sich von der Richtigkeit der Thatsache durch die einfachsten Versuche zu überzeugen. Ja es ist jene mehr oder mindere Einsaugungsfähigkeit in der That ein fast unfehlbares Criterion des comparativen Werths der verschiedenen Bodenarten, wie solches von Sir Humphry Davy schon längst bemerkt worden ist, dem ich oft genug Gelegenheit gehabt habe meine volle Beistimmung zu geben.

„Die Fähigkeit des Bodens, so sagt dieser große Chemiker, „Wasser vermöge seiner hygroskopischen Anziehung in sich auf-

---

*) Auch werden dadurch die äußersten Wurzel-Enden um so mehr von der ausdörrenden Einwirkung der Sonnenstrahlen entfernt gehalten.

„zunehmen, hängt größtentheils von dem Zustande seiner mecha=
„nischen Getheiltheit ab; je getrennter seine Bestandtheile sind,
„um so größer ist auch seine einsaugende Kraft. Aber diese
„Fähigkeit des Bodens, Feuchtigkeit aus der Luft anzuziehen,
„hängt innig zusammen mit dessen Fruchtbarkeit — wenn diese
„Fähigkeit stark ist, so erhält die Pflanze in trockener Jahreszeit
„die erforderliche Feuchtigkeit, und der Wirkung der Verdun=
„stung am Tage wird durch die Einsaugung von wässerigen
„Dünsten aus der Atmosphäre in den tieferen Theilen des
„Bodens am Tage, und durch die Einsaugung beider, der obe=
„ren wie der unteren Erdschichte während der Nacht, entgegen
„gearbeitet. Der strenge Lehm, der dem Pfeifenthon nahe
„kommt, und die größte Masse Wassers aufnimmt, wenn es
„in flüssiger Form auf ihn herabströmt, ist nicht der Boden,
„der in trocknem Wetter aus der Atmosphäre die meiste Feuch=
„tigkeit an sich zieht; er backt vielmehr fest zusammen und
„reicht der Atmosphäre nur eine kleine Fläche dar, und die
„Pflanzen brennen auf ihm fast eben so rasch aus wie auf
„Sandboden.

„Diejenigen Bodengattungen, die den Pflanzen die reich=
„lichste Feuchtigkeit durch Absorbtion aus der Luft zuführen,
„sind solche, in denen eine gehörige Mischung von Sand, fein
„gepulvertem Lehm und kohlensaurem Kalk nebst Etwas von
„animalischer und vegetabilischer Substanz vorhanden, und die
„so locker und so leicht sind, daß die Atmosphäre sie ganz und
„gar durchdringen kann. In dieser Beziehung sind kohlen=
„saurer Kalk und animalische und vegetabilische Stoffe dem Acker
„ungemein nützlich; sie geben dem Boden mehr Einsaugungs=
„fähigkeit, ohne denselben zugleich zäher und bindender zu ma=
„chen, wogegen Sand, der ebenfalls den Boden lockert, ihm
„wenig Absorbtions=Kraft mittheilt. Ich habe die Einsaugungs=
„Fähigkeit aus der Atmosphäre bei vielen Bodenarten verglichen,
„und habe sie allemal bei dem fruchtbarsten Boden am größten
„gefunden, so daß dieses wenigstens Einen Maßstab abgiebt
„für die Ertragsfähigkeit eines Bodens. Tausend Theile eines

„feines Reichthums wegen berühmten Bodens von Ormiston,
„in East Lothian, der mehr wie die Hälfte seines Gewichts
„sein zertheilte Bestandtheile enthielt, wovon 11 Theile kohlen-
„saurer Kalk und 9 Theile vegetabilische Stoffe waren, ge-
„wannen, nachdem sie bei einer Temperatur von 212° Fahr. ge-
„trocknet waren, während sie eine Stunde lang einer mit Feuch=
„tigkeit gesättigten Luft bei einer Temperatur von 62° Fahr.
„ausgesetzt waren, 18 Theile, d. h. Wasser. Bei einem ganz
„gleichen Versuch mit dem sehr fruchtbaren Boden an dem
„Ufer des Parret=Flusses in Somersetshire, zeigte dieser eine
„Zunahme von 16 Theilen. Eine Bodengattung von Mersea
„in Essex, die 45 Shil. per Acre Werth hat, ergab 13 Theile;
„ein feiner Sand aus Essex, an Werth 28 S. per Acre,
„11 Theile, ein grober Sand, im Werth von 15 S. per Acre,
„nur 8 Theile, und endlich 1000 Theile des Bodens bei
„Bagshot Heath nur 3 Theile*)." — Und diese Aufsaugungs-
kraft der atmosphärischen Feuchtigkeit ist nicht nur eine allen
fruchtbaren Bodenarten beiwohnende Eigenschaft, und zwar eine
Eigenschaft, die im Verhältniß mit der Tiefe und der Pulverung zunimmt**), sondern sie ist auch eine Eigenschaft der gewöhnlich angewandten Düngerstoffe in noch höherem Grade,
und zwar ebenfalls in dem ähnlichen Verhältnisse zur Güte des

---

*) S. Davy's Lectures. p. 182.

**) In der Versammlung in South Suffolk 1839 sagte bei
Gelegenheit des Untergrunds=Pfluges Herr Blatt: ich wendete ihn
an auf einem Stück leichten Bodens zu Turnips —; erst pflügte
ich ihn mit dem gewöhnlichen Pfluge 5—6" tief, und sodann mit
dem Untergrunds=Pflug 10—12", und nach diesem hatte ich nicht
weiter nöthig, an ein nochmaliges Pflügen zu denken. Als ich
zuerst anfing, mit dem Untergrunds=Pflug zu arbeiten, verrichtete
ich 3 ☐Roods im Tage, und zwar mit 4 Pferden und 2 Leuten —
dies Frühjahr habe ich in Einem Tage einen Acre gezwungen, der
160 ☐Roods enthält! — Ein einmaliges Untergrundspflügen
ersetzt vier gewöhnliche Pflugarten; es ist, als ob man hinterher
den Pflug wie über ein Daunenpfühl gehen läßt. Darauf säete ich

Düngers. Folgendes sind die Resultate meiner eigenen Experimente*). 1000 Theile Pferdedünger absorbirten, bei einer Temperatur von 100° F. getrocknet und 3 Stunden lang einer mit Feuchtigkeit gesättigten Luft von 62° Wärme ausgesetzt, 145 Theile Wasser; 1000 Theile Kuhdünger 130 Theile; 1000 Theile Schweinemist 120 Theile; 1000 Theile Schaafdünger 81 Theile; 1000 Theile Taubenmist 50 Theile; 1000 Theile eines reichen Bodens, im Werth von 2 Guineen p. Acre, (ohne Dünger) nur 15 Theile.

Diese Einsaugungsfähigkeit der Erbarten und des Düngers ist eine der bedeutendsten Thatsachen zur Beherzigung des Landwirths, wenn er die Vertiefung und die Lockerung seines Bodens in Ueberlegung zieht.

Sie ist auch eine Eigenschaft, die fast alle Pflanzen in einem gewissen Grade besitzen, einige aber in so vollkommenem Maße, daß sie allein vermöge derselben alle Feuchtigkeit empfangen, deren sie bedürfen. So wird das sogenannte Luft=Epidendron, (Epidendron flos aëris) von den Völkern des Ostens wegen der Eleganz seiner Blätter und Blüthen und wegen des ausgezeichnet schönen Geruchs, den es verbreitet, zur Ausschmückung ihrer Zimmer benutzt, wo es an seidener Schnur von der Decke herabhängt, und wo es Jahr aus Jahr ein fort vegetirt und stets neue Blätter und Blüthen treibt, einen immer neuen Wohlgeruch verbreitend, wobei es sich einzig und allein mit der Feuchtigkeit und den Gasen aus der dasselbe umgebenden Atmosphäre begnügt. Viele im Orient einheimischen Pflanzen thun beinahe dasselbe, so wie auch manche Moose bei uns.

Gerste hinein, das Getreide stand gut und wurde nirgends bleich. Es war ein heißes Stück Acker und pflegte sonst bei trockener Witterung wohl auszubrennen, nach dem Gebrauch des Untergrundspfluges aber ist dies nicht mehr vorgekommen." Herr Biall hat den Untergrunds=Pflug auch auf schwerem Lehmboden mit gutem Erfolg angewandt. S. Brit. Farm. Magaz. B. 111. p. 361.

*) S. Essay on Salt pag. 19.

Das Quantum Wasser, das eine gesunde Pflanze ver-
zehrt, ist in der That so groß, daß, wenn dieselbe nicht den
steten aber allmähligen Zuwachs von Feuchtigkeit empfinge, die
die Luft dem Boden mittheilt, alle Vegetation sehr bald ganz
aufhören oder nur durch immerwährende Regengüsse erhalten
werden könnte.

So bekundet Dr. Hales, daß eine Kohlpflanze durch
allmählige Verdunstung täglich an Wasser etwa die Hälfte ihres
Gewichts der Atmosphäre wiedergiebt, und daß eine Sonnen-
blume, 3 Fuß hoch, in der nehmlichen Zeit fast 2 Pfund ver-
dunstet[*]). Dr. Woodward beobachtete, daß ein Zweig der
Krausemünze von 27 Gran Gewicht innerhalb 77 Tage
2543 Gran Wasser verlor, ein Zweig der sogenannten Frauen-
münze in derselben Zeit 2558 Gran, ein Zweig des grünen
Nachtschattens von 49 Gran Gewicht 3708 Gran und ein La-
thyrus, 98 Gran schwer, 2501 Gran[**]).

Es ist durch die Versuche des Herrn Saussure mit den
Stengeln der Pfeffermünze erwiesen, daß diese, wenn sie, in

<hr />

[*]) S. Vegetable Statics. 1. 5. 15.
[**]) Phil. Transact. 1699. p. 193. Die Fähigkeit des Bodens, Feuchtigkeit aufzusaugen, sagt Davy, ist gewiß weit bedeutender in warmen und trocknen Ländern, als in kalten und feuchten, und zugleich ist auch gewiß ein größeres Quantum von Lehm
oder vegetabilischen oder animalischen Bestandtheilen in solchen Gegenden im Boden anzutreffen. — So muß auch der Boden auf
Abhängen einsaugender sein als auf der Ebene oder in Thälern.
Die Ergiebigkeit des Bodens wird auch durch die Beschaffenheit
seines Untergrundes bedingt. Wenn ein Boden unmittelbar auf
Fels oder Stein ruht, so trocknet er viel rascher durch Verdünstung
aus, als bei einem Untergrunde von Lehm oder Mergel, und die
Hauptursache der großen Fruchtbarkeit des Bodens im feuchten
Clima von Irland ist die Nähe der felsigten Schichte unter der
Ackerkrume. Ein lehmiger Untergrund wird oftmals einem san-
digen Boden von Nutzen sein, denn in solchem Fall erhält der
Sand die Feuchtigkeit aus dem Lehm zum Ersatz für die in der
sandigen Oberfläche durch Verdünstung oder Einsaugung der Pflan-
zen verloren gegangene. S. Davy's Lectures p. 186.

reines Waffer gefetzt, einige Zeit im Lichte vegetiren konnten, faft das doppelte von Kohlenstoff fich aneigneten, als fie ur- fprünglich enthalten hatten*).

Diefen Kohlenstoff konnten fie nur aus der Atmosphäre eingefogen haben, und demnach unterliegt die Richtigkeit der Schlußfolge des Herrn Berthollet wohl keinem ferneren Zweifel, daß Pflanzen vermöge ihrer Blätter das Vermögen befitzen, das Waffer wie die Kohlenfäure in der Atmosphäre zu zerfetzen und mit diefen Grundstoffen neue Verbindungen einzugehen. Wie wefentlich für die Wurzeln der Pflanzen der freie Zutritt der Atmosphäre ift, hat Herr Sauffure längft erwiefen, da er fand, daß Sauerstoffgas eben fowohl durch die Wutzeln als durch die Blätter eingefogen wird, und daß es fich in den Wurzeln mit Kohlenstoff verbindet und von da aus in die Blätter übergeht, um hier zerfetzt zu werden. Sogar die Zweige faugen Sauerstoff ein, und wo diefer fehlt, da erfchließt fich keine Blüthe**) Die Vortheile eines freien Zutritts von Sauerstoff zu den Wurzeln der Pflanzen find aber auch auf experimen= tellem Wege klar gemacht worden; es ift nehmlich erwiefen, daß ihr Wachsthum bedeutend gefördert worden, wenn man fie in Waffer fetzte, das ftark mit Sauerstoffgas gefchwängert war, und daher rührt auch der Vorzug des Regenwaffers. Herr Hill hat einige fehr merkwürdige Verfuche angeftellt, die den großen Nutzen beweifen, welchen die Pflanzen=Wurzeln aus dem Zutritt des Sauerstoff=Gafes ziehen. Hyazynthen, Melo= nen, Mais u. f. w. wurden dem Verfuche unterworfen. Die erfteren gewannen bedeutend an Schönheit, die zweiten an Aroma, der dritte an Größe, alle drei aber an Kräftigkeit. Dies ift ein neu hinzukommender Vortheil von dem freien Zutritt der atmosphärifchen Feuchtigkeit; denn Herr v. Humboldt hat deutlich gezeigt, daß ein trockener Boden vollkommen unfähig ift, Sauerstoffgas an fich zu ziehen. Nunmehr muß es alfo

---

*) S. Saussure Recherches sur la Végétation. 51.
**) Thomson Vol. IV. p. 353.

selbst dem oberflächlichsten Beobachter einleuchtend sein, daß der Boden, je tiefer und lockerer er gepulvert und dadurch der Atmosphäre zugänglicher geworden, auch um so mehr Sauerstoff und wässerige Dünste aus derselben einsaugen werde. Es dürfte jetzt fast überflüssig sein, zu beweisen, daß die Wurzeln der gewöhnlich angebauten Gewächse, unter Umständen, zum Aufsaugen von Feuchtigkeit günstig, viel tiefer in den Boden eindringen, als sie es sonst im Stande sind, wo der steinharte Untergrund ihnen solches verbietet. So hat man beobachtet, daß die Wurzeln der Weitzen-Pflanzen in tiefem und lockerem Boden auf zwei bis drei Fuß Tiefe und darüber eingedrungen waren, und so wird es klar, daß, wenn Pflanzen bei trockner Witterung hauptsächlich von dem Wasserdunste der Atmosphäre leben, den der Boden einsaugt, alsdann um so mehr Feuchtigkeit dadurch herangezogen werden muß, daß man sowohl den Wurzeln der Pflanzen als den atmosphärischen Niederschlägen die Möglichkeit gewährt, eine größere Tiefe im Boden zu erreichen; denn man bedenke wohl, daß das Innere eines locker gearbeiteten Bodens unausgesetzt fortfährt, jene für die Vegetabilien wesentliche Nahrung einzusaugen, selbst wenn die Oberfläche desselben in der Sonne ausdörrt. Durch die erleichterte Zugänglichkeit der Luft zu dem Boden wird aber noch ein anderer Vortheil erlangt; es wird nehmlich der Wärmegrad im Boden dadurch erhöht. Die Erdarten sind von Natur schlechte Wärmeleiter, besonders abwärts; so ist es bekannt, daß bei der Belagerung von Gibraltar die glühenden Kugeln, die die Belagerten anwendeten, auf die zweckmäßigste und bequemste Weise in hölzernen Schiebekarren, deren Boden lediglich mit Erde bedeckt war, aus den Glüh-Oefen nach den Batterien geführt wurden.

Sir H. Davy erwies die größere Geschwindigkeit, mit der ein loser schwarzer Boden sich erwärmte, im Vergleich mit einem kreidehaltigen, dadurch, daß er gleiche Theile von beiden dem Sonnenschein aussetzte — der erstere erwärmte sich im Verlauf einer Stunde von 65° bis auf 88°, der andere nur auf 69°, beides nach Fahrenheidt*) Dieses Experiment indeß darf nicht als absolut beweisend angesehen werden, weil die Oberfläche eines schwarzen Bodens sich, unmittelbar den Sonnenstrahlen ausgesetzt, immer rascher erwärmt als die eines helleren Bodens. Ein freier Zutritt der Luft vermehrt auch die Fruchtbarkeit des Bodens dadurch, daß er die von der Pflanze ausgeschiedenen Stoffe leichter zersetzt und entfernt, da sie sonst eine längere Zeit hindurch, zum Nachtheil für die benachbarten Pflanzen derselben Gattung, unzersetzt geblieben wären. — Stimmt aber nicht mit der Richtigkeit dieser Schlüsse und mühsamen Experimente des Chemikers auch das praktische Zeugniß der tüchtigsten Landwirthe aller Länder und aller Zeiten vollkommen überein?

Schon M. P. Cato vor fast 2000 Jahren, um die Vortheile des der Atmosphäre zugänglicher gemachten Bodens einleuchtend zu machen, fragte die Römischen Landbauer: „Was ist gute Wirthschaft? Antwort: zu pflügen. Was folgt alsdann? — zu pflügen, und das dritte ist: zu düngen. Cato indeß irrte in der Ursache des Vortheils, denn er sagte: wer seinen Oelbaum-Garten am öftersten und am tiefsten durchwühlt, wird die feinsten Wurzel-Fasern mit auspflügen — pflügt er aber schlecht, so werden die Wurzeln im Boden zu dick und die Kraft des Oelbaums geht in die Wurzeln**).“ Virgil sagt, indem er eine irrthümliche Erklärung der Vortheile des Schälens und Brennens der Erdoberfläche (Paring & Burning) giebt, „die Hitze öffnet mehrere Wege und verborgene Züge für die Luft, durch welche der Thau zu den Embryo-Pflanzen gelangt***)“.

Finden zur gegenwärtigen Zeit nicht Lord Leicester und alle die ersten Landwirthe Englands den größten Nutzen in dem

---

*) Elements of Agric. Chem. 178.
**) Lib. 61.
***) Georgica l. 90. 91.

Rühren und Wühlen des Ackers zwischen den Reihen ihrer ge-
brillten Turnips, lediglich um der Luft einen freieren Zutritt zu
den Wurzeln zu verschaffen, und dieses noch dazu auf solchen
Aeckern, wo kaum ein einzelnes Unkraut zu finden ist? Geschieht
das Braachen, wodurch man den Boden vertieft und zugleich
pulvert, nicht hauptsächlich um des nehmlichen Zwecks halber?
Hat nicht Jethro Tull sich lange und bisweilen selbst zu san-
guinisch bemüht, die nehmliche Behauptung durchzuführen? und
unterstützt er nicht die Schlüsse der Untergrunds-Pflüger,
wenn er sagt:

„Ich habe eine Menge von Erfahrungen gemacht, die es au-
„ßer allen Zweifel setzen, daß es nirgend einen Boden gebe,
„(sei er reich oder arm) der jemals durch Ackerung zu fein oder
„zu locker werden könnte? Denn es ist keine Frage mehr, daß
„ein Cubicfuß so fein gepulverter Erde eine größere innere
„Oberfläche haben muß, als tausend Cubicfuß der nehm-
„lichen Erde, nach gewöhnlicher Weise geackert, (d. h. com-
„pacterer Erde), und ich glaube, es giebt keine zwei pflug-
„bare Erdarten auf der Welt, von denen die Eine die
„Andere um 20 mal an natürlichem Reichthum überträfe,
„d. h. 1 Cubicfuß des reichsten Bodens ist nicht im
„Stande, ein gleiches Quantum Pflanzen hervorzubrin-
„gen, als caeteris paribus, 20 Cubicfuß des ärmsten;
„daher ist es nicht auffallend, daß der ärmste, wenn der-
„selbe durch Pulverung eine hundertmal größere innere
„Oberfläche erhalten hat wie der reiche aber ungeackerte,
„daß, sage ich, dieser an Fruchtbarkeit jenen übertreffen
„müsse; oder daß, wenn 1 Cubicfuß des ärmsten Landes
„mit zwanzig mal mehr innerer Oberfläche als der Cubikfuß
„des reichen Landes, der erste (der ärmste nehmlich) nicht
„auch eine gleiche Menge Pflanzen erzeugen würde wie der
„des reichen. Es tritt aber noch ein anderer großer
„Vortheil hervor, wenn ein Boden in einem sehr kleinen
„Umfange eine größere innere Oberfläche besitzt; es wer-
„den nehmlich alsdann die Wurzeln der Pflanzen reich-

„licher mit Nahrung versehen, da diese alsdann den Wur-
„zeln von allen Seiten näher liegt, als solches möglich
„ist, wenn der Boden, wie bei gewöhnlicher Ackerung,
„weniger fein ist, weil die Wurzeln in dem einen Falle
„viel weiter umher suchen müssen, als im andern; um
„ein gleiches Quantum Nahrung zu erhalten, müssen sie
„umher schweifen, und vielleicht einen zwanzigmal grö-
„ßeren Raum ausfüllen, um nur dasselbe Quantum
„Nahrung an sich zu ziehen. In diesem fein gepulverten
„Boden aber können die zartesten und schwächsten Wur-
„zelzasern nach Belieben überall hindringen, und haben
„ebenfalls überall nur einen bequemen, gehörigen und
„gleichmäßigen Druck zu ertragen, wie im Wasser*)."

Und glücklicherweise steht es auch in unsrer Gewalt zu
beweisen, daß ein Untergrunds-Pflügen oder ein Rajolen eine
dauernde Verbesserung des Bodens ist, und noch Jahre lang
hinterher günstig zu wirken fortfährt. Ich habe dies oft selbst
erfahren, wie auch, daß ein nur Einmal ernsthaft gerührter
Boden nur langsam seinen ursprünglichen Grad von Dichtigkeit
wieder erlangt, worüber schon der Eisenbahn-Unternehmer oder
Eisenbahnbauer gültigen Ausweis liefern kann. Die Vorzüge
der Tief-Ackerung hängen aber auch nicht blos davon ab, daß
nun der Dünger auch tiefer zu liegen kommt oder weiter im
Boden verbreitet ist, sondern das bloße Lockern und vermehrte
Pulvern eines jeden Bodens reicht schon mit Sicherheit an und
für sich hin, denselben fruchtbarer zu machen. Selten dürften
Experimente, die jene Thatsachen zu beweisen haben, weiter
geführt werden können, als die vor mehreren Jahren von Herrn
Withers und anderen Pflanzern in Norfolk in ihren Holz-
pflanzungen angestellt worden sind. Der detaillirte Bericht
darüber, fast mit seinen eigenen Worten, ist folgender: Im
Jahre 1811 wurden fünf Acres eines armseligen schwarzen
sandigen Bodens im Kirchspiel Holt bepflanzt. Das Land

---

*) Tull on Tillage, 43.

war kürzlich aus einer Gemeinweide besonders eingehegt worden, und war mit Haidekraut und Stachelginster bewachsen. Die gemeine Kiefer und eine passende Auswahl von Laubhölzern wurde in große Löcher gepflanzt. Die Kiefer ging ziemlich gut fort, die andern Bäume aber machten keine Fortschritte; und obgleich ich, so fährt er fort, jährlich die Lücken ausfüllte, die durch das Absterben und Eingehen entstanden waren, so fand ich doch nach vier oder fünf Jahren alle Bäume bis auf die Kiefer fast ohne Ausnahme entweder todt oder im Absterben. Darauf ließ ich den ganzen Fleck rajolen und füllte alle Lücken mit jungen Eichen, Eschen, Kastanien, Ulmen und andern Bäumen aus, und habe seitdem den Platz regelmäßig mit der Hacke bearbeitet und frei von Unkraut gehalten. In Folge hiervon haben diese letzt genannten Bäume einen so lebhaften Wachsthum erhalten, daß ich im Stande gewesen bin, den größeren Theil der Kiefern zu entfernen, deren letzter Rest in Zeit von Einem oder zwei Jahren auch wird fortgenommen werden müssen, um den andern Bäumen Platz zu schaffen. Eine einzelne Esche, die den tödlichen Einwirkungen des Haide-krauts, des Stachelginsters und des eisenhaltigen Bodens nur mit Mühe widerstanden hatte, gab jetzt einen evidenten Beweis von der Wohlthat des Rajolens und Reinhaltens des Bodens. Es war dieser Baum bisher knapp am Leben geblieben und hatte im Jahr nicht mehr als 2—3 Zoll Holz gemacht, im nächsten Jahr aber nach dem Rajolen machte er sofort zwei Haupttriebe, von denen der kleinere, da er um Michaeli abge-schnitten wurde, sechs Fuß zwei Zoll maaß. Im Frühjahr 1819 ward ein anderes Stück Land, einen halben Acre groß und zunächst an jenem fünf-Acre-Felde gelegen, mit derselben Gattung von Bäumen bepflanzt; der Boden wurde hier 2 F. tief rajolt, und seitdem vollkommen rein gehalten, und so groß hat sich schon vorweg der Vortheil einer ordentlichen Vorberei-tung des Bodens erwiesen, daß die Bäume auf diesem Stücke zur Zeit weit schöner dastehen als die acht Jahre früher gepflanzten, obgleich die letzteren seit 9—10 Jahren die Wohlthat des Behackens genossen haben*).

Einige andere Pflanzungen derselben Jahre, dicht neben denen des Herrn Withers, wie auch auf derselben Gattung von Boden, sehr ähnlich dem auf Bagshot Heath, bestätigen vollkommen die Schlüsse, die ich aus jenen früher genannten Pflanzungen gezogen habe.

Herrn Hardy's Bäume wurden in Löcher gepflanzt, die auf der Haide gegraben waren — Herrn Gurney's Boden war zuvor gepflügt worden; beide Ländereien wurden mit gut gewählten Wald-Bäumen besetzt: nach drei Jahren indeß fand Herr Hardy, daß viele seiner Bäume eingestorben waren, und die übrigen nur schlechten Fortgang hatten, und nun rajolte er sein Land und füllte die leeren Stellen mit neuen Bäumen aus, und hat es seitdem regelmäßig hacken lassen und von Unkraut rein gehalten. Seines Nachbars Land ist vollkommen vernachläßigt worden, so daß Haidekraut und Stachelginster mehrere Fuß hoch darauf wucherten — die Folge ist, daß während auf dem einen Boden (der nur durch einen Weg von dem andern getrennt ist) sich eine werthvolle Pflanzung befindet, auf dem angrenzenden Stücke alle schwächlichen Bäume eingegangen und nichts als Kiefern und Lerchenbäume übrig geblieben sind.

Ein anderes Experiment des Herrn Withers, im Jahr 1823 auf funfzehn Acres des nehmlichen Bodens angestellt, paßt nicht recht eigentlich hieher, weil er hier Dünger anwendete; dennoch dient dasselbe als eine schätzbare praktische Beleuchtung der Vortheile, die das Pulvern des Bodens und das Untergrunds-Pflügen gewähren. Ich ließ, sagt Herr Withers, das Land zweimal pflügen, einmal mit zwei Pferden, und dann mit vieren, immer in derselben Furche, wodurch ich denselben bis zur Tiefe von 18—20 Zoll durchbrach. Glücklicherweise fand ich dabei eine alte Mergelgrube im Acker, woraus ich

---

*) Wither's Memoir on Forest Trees p. 7.

20 Karren Mergel p. Acre auskarrte und überstreute. Diesen
Mergel ließ ich Winter über liegen und an der Luft zerfallen;
und im Monat April 1824 ließ ich zwanzig Fuder guten ver-
faulten Dünger p. Acre ausbreiten, pflügte denselben unter, und
besetzte nun das Land mit Eichen, Eschen, Ulmen, Kastanien
und schwarzen italienischen Pappeln, in jungen Stämmen. Sie
nahmen gut an und viele von ihnen machten schon im ersten
Sommer kräftige Triebe, und deckten das zweite Jahr schon
beinahe den Boden; den darauf folgenden Sommer aber war
ihr Wachsthum bewunderungswürdig, indem viele Bäume Triebe
von mehr als fünf Fuß machten, und durchschnittlich in diesem
Jahre um drei Fuß an Höhe zunahmen. Die gewaltige Dürre,
welche Bäume auf schlechtem und armem Boden ausbrannte,
hat dem Wachsthum jener Bäume nur Vortheil gebracht. Sie
hatten niemals das Ansehen, als fehle es ihnen an Feuchtigkeit,
obgleich sie in Zeit von mehreren Wochen in der heißesten Periode des Sommers 1826 nicht einen Tropfen Regen erhielten.
Diesen üppigen Wachsthum schreibe ich dem tiefen Pflügen, wie
freilich auch der starken Düngung (denn beides zieht die Feuchtigkeit aus der Luft an) und dem steten Rein- und Lockerhalten
der Oberfläche zu, was vermittelst der Hacke erreicht wurde,
und ich bin fest überzeugt, daß bei einem solchen Zustande des
Bodens das Wetter in England für Waldbäume niemals zu
heiß sein kann*).

Die Erfahrungen der großen schottischen Pflanzer bestätigen alles hier Behauptete. So sagt uns Sir Walter Scott
— kein unbedeutender Pflanzer! — indem er vom Düngen und
Braachen des Landes zu Baumpflanzungen spricht: jeder
Baumpflanzung, die mit ungewöhnlicher Schnelligkeit aufschießen
soll, muß eine Vorbereitung nach einer dieser Methoden vorher-
gehen, oder es muß, was das Beste von allem ist, der Boden
mit dem Spaten rajolt werden**). Scott indeß glaubte, daß

*) Memoir p. 19.
**) Quarterly Review 1829.

der Vortheil des Rajolens des Waldbodens nach 10—12 Jahren wieder aufhöre; er sagt nehmlich: nach einem gewissen Zeit-
abschnitt erreichen die Wurzel-Fasern den Untergrund, der vom
Spaten oder Pflug ungestört geblieben ist, und deshalb ist öfter
das Wachsthum des Baumes, der die Vorzüge der tieferen
Lockerung rc. genossen hat, späterhin um nichts bedeutender
als der seines Nachbarn, dem niemals solche Wohlfthat zu
Theil geworden ist.

Zugegeben daß diese Schlußfolge des Sir Walter Scott
auch in einigen Fällen richtig sei, so hat er dennoch wohl einer
gewissen Ursache Wirkungen zugeschrieben, die vielleicht sicherer
einer anderen zuzuschreiben sind. Im Verlauf von 10—12 Jahren nehmlich wird der gepflügte Boden, wenn er so lange un-
beunruhigt bleibt, allmählig wohl fast wieder eben so fest, hart
und der Atmosphäre eben so unzugänglich werden, wie irgend
ein anderer niemals gepflügter Boden. Er wird alsdann fast
eben so wenig Feuchtigkeit durch Absorbtion zugeführt erhalten,
als derjenige, der von Hause aus gänzlich unbearbeitet geblieben
war. Ich bin sogar im Stande, zu dem, was ich zu erklären
bemüht bin, das Zeugniß des Sir Henry Stewart hinzu-
zufügen.

Bäume, so sagt dieser große Pflanzer, haben ein drin-
genderes Bedürfniß nach Tiefe des Ackers als Feldfrüchte, wenn
sie vollkommen gedeihen sollen, und da es einleuchtend scheint,
daß die Höhe und Stärke des Holzes sowohl im Norden wie
im Süden hauptsächlich der Tiefe des jedenmaligen Bodens
zuzuschreiben sei, so sollte es das Haupt-Bestreben des Pflan-
zers sein, diese Haupt-Bedingung auch zu befördern. Das
Vertiefen des Grundes läßt sich auf wirksame Weise nur durch
Rajolen oder doppeltes Graben erreichen (denn der Pflug kann
dabei wenig thun) und das Pulvern des Bodens geht mit dieser
Operation Hand in Hand . . . . . Die Pulverung, d. h. die
mechanische Trennung der Theile, ist bei allen Boden-Gat-
tungen anwendbar, jedesmal im Verhältniß zu der Bündigkeit
des Zusammenhanges, da selbst der kieselhaltigste Boden, wenn

nicht gehörig gerührt, zu dicht und compact wird, um Luft, Regen und Wärme einzulassen, und in Folge dessen den Pflanzen das freie Wachsthum zu gestatten . . . . . . Bei manchem strengen Höhe-Lehm-Boden, der weder vom Pfluge noch vom Spaten jemals etwas erfahren hat, wird man in einigen Jahren perennirende Grasarten mit fibrösen Wurzeln, die eine Decke über seine Oberfläche bilden, oder starke Bäume mit Pfahlwurzeln vorfinden, wie z. B. die Eiche, welche sich mit Gewalt durch das Innere der harten Masse ihren Weg bahnen. Daher muß zuerst darauf hingearbeitet werden, den jungen Wurzeln und Fasern Raum zu verschaffen, weil keine holzartige Pflanze sich frei entwickeln und treiben kann, ohne diese Fasern in Menge zu besitzen, der Boden mag immerhin so reich sein wie er wolle . . . . Der Dünger bleibt unwirksam für die Vegetation, bis er im Wasser auflöslich wird, und selbst im aufgelösten Zustande würde er fruchtlos bleiben, wenn er sich in solcher Menge darin befände, daß er den Zutritt der Luft verhinderte, in welchem Falle die Fasern oder einsaugenden Mündungen der Wurzeln außer Stande sein würden, ihre Aufgabe zu lösen, worauf das Absterben sehr bald erfolgen müßte . . . . . .

Ich muß noch bemerken, daß ein offener Boden nicht allein den Zugang der Nahrungsstoffe zu den Wurzeln erleichtert, sondern auch deren Ausbreitung befördert und dadurch den Raum des Erdreichs vergrößert, aus welchem die Nahrung geschöpft wird. Aber alles dieses sind noch nicht die einzigen Vortheile eines mürben, gelockerten Bodens; denn neben seiner Fähigkeit, die Pflanzen mit Nahrung zu versehen, ist er auch im Stande, diejenigen Veränderungen im Dünger zu bewirken, die eben die Zubereitung der Nahrung bedingen; denn animalische und vegetabilische Substanzen, der abwechselnden Einwirkung von Hitze, Feuchtigkeit, Licht und Luft ausgesetzt, erfahren freiwillige Zersetzungen, die ohne jene Bedingungen nicht statt haben würden . . . . . Der Boden gewinnt unendlich durch Lüftung und durch freien Zutritt der Witterung in seine innern Räume; hierin wird auch allgemein der Hauptnutzen des Braachens gefunden, und die Wichtigkeit dieser Operation erweist sich im Gartenbau durch das Sommer = und Winter-Rühren der Beete beim Graben. Wäre Tull, sezt Sir Henry Stewart hinzu, ein Mann, der vor ungefähr einem Jahrhundert sich hervorthat, mit der Chemie auf ihrer jezigen Höhe bekannt gewesen, er würde wahrlich des dauernden Ruhms theilhaftig geworden sein, zu welchem sein Scharfsinn ihn so vollkommen berechtigte. Unbezweifelt war er der erste gewichtige praktische Fürsprecher des Nutzens der Pulverung des Bodens, aber er ließ sich täuschen durch die erstaunenswürdigen und mannigfaltigen Wirkungen derselben, ohne ihre Grenzen zu erkennen, und verfiel daher in den irrigen Glauben, daß Pulverung in der Ackerwirthschaft selbst den Dünger ersetzen könne (S. Planter's Guide 464.)[*]

Ich habe so eben die Experimental=Untersuchungen dieser wissenschaftlichen Baumpflanzer etwas weitläufig angeführt, weil ihre Untersuchungen sich auf Pflanzungen beschränkten, die ihre Reife und Vollkommenheit erst im Laufe vieler Jahre erlangen sollten; sowohl das Rajolen als das Loch=Pflanzen sollten, nach vollständiger Beendigung, ohne Störung und ohne Düngung auf geraume Zeit verharren. Wenn also das Untergrunds= Pflügen oder das Pulvern des Bodens sich irgend als nützlich bewähren sollte, so mußten über kurz oder lang die darauf wachsenden Bäume das Factum erhärten, und sowohl Sir H. Stewart als Herr Withers bezeugen, daß solches der Fall gewesen. Von den Resultaten der Pflanzmethode des Lezteren bin ich selbst Zeuge gewesen, und habe mich, nach einem kleineren Maßstabe, von den nehmlichen Vortheilen des Rajolens in meinen eigenen Gärten und Pflanzungen überzeugt.

---

[*] Anmerkung des Uebersetzers: Ganz etwas Aehnliches hat neuerlichst Beatson bei Gelegenheit der Empfehlung seines Grubber's geäußert.

In Bezug auf die Feldfrüchte fallen die Zeugnisse zu
Gunsten des Untergrunds-Pflügens auf demselben leichten, sandigen Boden eben so bedeutend als unwidersprechlich aus. Sir
Edward Stracey, der Erfinder des Rackheath-Untergrunds-
Pfluges, sagt: ich habe mit diesem Pfluge gegen 500 Acres
Haideland umgebrochen — meine Erndten haben sich daburch
beinahe verdoppelt — der von diesem Lande gewonnene Weitzen
hat ein schönes dickes Korn gegeben, der circa 63½ Pfund
p. Imperial-Bushel wog, und hat den höchsten Preis am
Markt erhalten, wo vor diesem Tiefpflügen derselbe Boden
kaum die Saat brachte, und das Korn dabei so mager und
verschrumpft war, daß Niemand es auch nur ansehen mochte;
und da ich keinen Dünger für diesen Acker hatte, so kann ich die
Vorzüglichkeit der Erndte Nichts Anderem als eben dem tiefen
Pflügen zuschreiben*).

In einer ganz kürzlich dem Sekretair der English
Agricultural Society gemachten Mittheilung hat Sir Edward
Stracey einige Resultate seiner Erfahrungen von dem Rackheath-
Untergrunds-Pfluge ausführlich bekannt gemacht, die von der
Art sind, daß ihre Kunde nicht allgemein genug verbreitet wer-
den kann: „als ich vor etwa 6 Jahren, so äußert sich derselbe,
mich auf meinem Gute Rackheath häuslich niederließ, fand ich
500 Acres Haideland vor, zwei Pachtungen bildend, ohne alle
Einfaßen. (Dieses Land war vor etwa 40 Jahren nach einer
Parlaments-Acte eingefriedigt worden.). Stachelginster, Haide-
kraut und Farrnkräuter bedeckten die ganze Fläche, kurz das
Land war in solchem Zustande, daß es nicht die Saat wieder-
gab. Der Boden war ein loser, mit wenigem Lehm und
Mergel vermischter Boden, war bisher mit dem Pfluge nicht
über vier Zoll tief gearbeitet worden, und darunter lag ein
Untergrund (vom gemeinen Mann eine eiserne Pfanne genannt)
so hart, daß man an vielen Stellen nur mit Mühe mit einer

---

*) Brit. Farm. Magaz. vol. 1. p. 235.

Pick-Axt eindringen konnte; mein Wirthschafter, der das Gut 35 Jahre lang bewirthschaftet hatte, sagte mir, daß diese Länbereien der Bearbeitung sich nicht belohnten, so sprächen, sagte er, auch alle benachbarten Pächter, und daß nur Eins noch übrig bliebe, sie nehmlich mit Kiefern und andern Waldbäumen zu bepflanzen. Hierauf achtete ich aber wenig, da ich das Jahr zuvor einige angrenzende Stücke Landes unter Häusler vertheilt hatte, einem jeden etwa den dritten Theil eines Acres. Die Feldfrüchte auf allen diesen Parcelen sahen schon kräftig und gesund aus, und die Leute bauten vortrefflichen Weizen, Möhren, Erbsen, Kohl, Kartoffeln und anderes Gemüse in Menge. Die Frage war nun: wie war das zugegangen? Außerhalb dieser Ackerstücke war alles öde und unfruchtbar. Einer Düngung konnte der Flor der Felder nicht zugeschrieben werden, denn die Häusler hatten keinen Dünger außer demjenigen, den sie von den Wegen zusammengesucht hatten. Der Spaten allein mußte diesen Zauber hervorgerufen haben. Sie hatten den Boden 18 Zoll tief aufgebrochen. Aber 500 Acres mit dem Spaten auf 18 Zoll Tiefe zu bearbeiten, den Acre zu 6 Pfund Sterling an Unkosten gerechnet, daran konnte ich nicht denken. Ich faßte daher den Gedanken, es könne vielleicht ein Pflug so gebaut werden, daß derselbe den Boden auf 18 Zoll lockerte, wobei die bessere Ackerkrume nur vier Zoll tief, der Oberfläche zunächst, geackert würde, wodurch Luft und Feuchtigkeit ungehindert an die Wurzeln der Pflanzen gelangen, und sie fähig machen könnte, ihre feinsten Fasern mehr auszubreiten, um Nahrung zu suchen; denn Luft, Feuchtigkeit und Vermehrung der Nahrung sind dem Wachsthum und Gedeihen der Pflanzen eben so nothwendig als dem der Thiere.

Diese meine Absicht habe ich erreicht, wie der Erfolg lehren wird. Ich habe zur Zeit alle 500 Acres, 18 Zoll tief aufgebrochen; zuerst ließ ich einen gewöhnlichen Pflug, von 2 Pferden gezogen, vorausgehen, der vier Zoll tief arbeitete; unmittelbar hinter ihm folgte mein Untergrundspflug und zwar in der nehmlichen Furche; dieser wurde von 4 Pferden gezogen und brach und wühlte den Boden 12—14 Zoll tiefer durch, jedoch ohne ihn umzuwenden und nach der Oberfläche zu bringen. Bisweilen war die Eisen=Pfanne so hart, daß die Pferde stehen blieben, bis die Pick=Axt zu Hülfe genommen wurde, um sie wieder in Gang zu bringen. Nach dem ersten Jahr aber schon brachte der Acker die doppelte Erndte, da viele einzelne Möhren eine Länge von 16 Zoll bei verhältnißmäßiger Dicke hatten. Diese Verbesserung konnte lediglich aus dem tiefen Pflügen hervorgegangen sein. Dünger besaß ich so gut wie gar nicht, da meine Aecker zu der Zeit nicht Futter genug lieferten, um irgend eine Anzahl Vieh, der Rede werth, ernähren zu können, und es nicht möglich war, Dünger in hinlänglicher Masse aus der Stadt zu erhalten. Der Untergrundspflug riß sämmtliche Ginster=, Farrn= und Haidekräuter mit den Wurzeln heraus, so daß das Land schon im ersten Jahre nach dem Tief=Pflügen den Charakter des Haidebodens verlor, welchen es immer noch bis dahin behalten hatte, nachdem es 35 Jahr lang mit den gewöhnlichen Pflügen bearbeitet worden war. Unmittelbar nach diesem Untergrunds=Pflügen stand der Weitzen stark und lang im Stroh, das Korn war kurz und dick und wog volle 64 Pfund p. Bushel; der Erdrusch war, wie man voraussehen konnte, nicht bedeutend, (etwa 26 Bushels p. Acre), aber bedeutend in Vergleich mit den früheren Jahren. Die Müller waren begierig, meinen Weitzen zu kaufen, und wollten es kaum glauben, daß er auf dem Haidebuden gewachsen wäre, da ehemals mein Wirthschafter kaum einen Müller hatte bewegen können, auch nur die Probe anzusehen. Man vergesse nicht, daß dieses Land Jahre und Jahre lang keinen Dünger erhalten hatte, daß es ausgezehrt war, und also nur durch den freieren Zutritt von Luft und Feuchtigkeit, mithin durch das Tiefpflügen in diesen verbesserten Zustand hatte kommen können. In diesem Jahre steht der Weitzen auf diesem Lande vielversprechend aus, die Aehren sind lang und schwer und das Stroh lang, und ich hoffe einen Ertrag von 34—36 Bushel p. Acre zu erhalten; die Gattung Weitzen, darauf ausgesäet, war: der golden drop,

(Goldtropfen). Meine schwedischen Rüben (Rutabaga) sind dieses Jahr auf diesem Lande sehr gut; einige Sorten Turnips (Pudding & Sugar-loaf Turnip) sind bei mir wie bei meinen Nachbaren an vielen Stellen fehlgeschlagen, da sie durch die strömenden Regengüsse sehr gelitten haben, die sie befielen, nachdem sie eben aufgegangen waren.

Die Turnips verlangen einen tiefen und wohl gepulverten Acker, damit ihre Knollen sich ausdehnen und schwellen, ihre Pfahlwurzeln aber tief in den Boden eindringen können, um sich Nahrung zu suchen. Man hat beobachtet, daß die Pfahlwurzeln einer schwedischen Rübe bis 39 Zoll in die Erde eingedrungen war.

Ich will indeß meine Leser nicht länger aufhalten, sondern nur noch zwei oder drei allgemeine Bemerkungen hinzufügen.

1. Die Arbeit, mit dem Untergrunds-Pfluge ausgeführt, hat große Vorzüge vor dem Rajolen mit dem Spaten, weil der Pflug den Boden ringsum nur bricht und lockert, ohne den Untergrund an die Oberfläche zu bringen, was unter manchen Umständen, (wenn der Untergrund schlecht ist) der jungen zarten Pflanze nachtheilig sein würde, und selbst, wenn der Untergrund gut ist, so wird derselbe doch erst durch den vorgängigen Zutritt der Luft und der Feuchtigkeit für die Vegetation der Saaten besser vorbereitet werden, mithin der Untergrunds-Pflug immer vortheilhaft bleiben. Die Pflugarbeit ist aber auch bei Baum-Pflanzungen dem Rajolen mit dem Spaten weit vorzuziehen, da sie mit einem Viertel der Kosten ausgeführt werden kann.

2. Es wäre allerdings besser, (wenn es nur anginge), die Pferde 2 und 2 neben einander arbeiten zu lassen*); bei diesem Untergrunds-Pfluge aber müssen die Pferde in Einer Linie einzeln hinter einander gehen, da, neben einander gespannt, dasjenige Pferd, was auf dem schon gepflügten Streifen

*) Anmerkung des Uebersetzers: wie wir sagen vierspännig.

geht, alsbald ermüden würde, indem es bis an's Knie ver-
sinken müßte; um aber den Zug zu erleichtern, so muß das
2te Pferd nicht an die Ketten des ersten Pferdes befestigt werden, sondern es müssen die Ketten des zweiten Pferdes lang
genug sein, um etwa 2 Fuß hinter dem Knüppel, der die zwei
Zug=Ketten des ersten Pferdes auseinander hält, eingehakt zu
werden, so daß das zweite Pferd in einem Winkel von ohngefähr 33 Grad gegen den Erdboden, ziehen muß — gegentheils
aber, wenn nehmlich die Ketten des 2ten Pferdes v o r der
Hinterkette des ersten Pferdes eingehakt würden, so würde das
ganze Gewicht des Zuges des zweiten Pferdes zugleich mit dem
Gewicht des Zuges der beiden ihm vorangehenden Pferde auf
dem Rücken seines Hinter=Pferdes (des ersten) allein lasten,
und die Kraft dieses ersten Pferdes würde für den Zug völlig
verloren gehen, da alle seine Kräfte schon erschöpft sein würden,
um nicht, erdrückt von jener Last, sofort in die Knie zu sinken.
Wenn man aber die Ketten nach obiger Weise befestigt, so wird
die Kraft von 3 Pferden der von 4 Pferden (unrichtig gespannt)
gleich kommen*). Da ich jetzt auf den Untergrunds=Pflug zu
sprechen gekommen bin, so darf ich auch erwähnen, daß ich
selbst einen Pflug der Art hergestellt habe, von dessen Anwendung mein Parkland den größten Nutzen gezogen hat. Ich
nenne diesen den Sub=turf=plough (Torf=Untergrundspflug);
er dient dazu, den Torf 10½ Zoll unterhalb der Oberfläche zu
lockern, ohne denselben umzulegen, den Untergrund aber mürbe
zu machen, und in Folge dessen der Luft und dem Regen Zugang zu verschaffen und die Wurzeln der Saaten zu befähigen,
sich bequem zu verbreiten, um Nahrungsstoffe an sich zu ziehen.

---

*) In Vol. VI. p. 248. des Engl. Agric. Society's Journal
findet sich eine treffliche Abhandlung des Geistlichen Hrn. W. L. Rham
über das Untergrundspflügen des Lehmbodens mit und ohne verdeckte
Abzugsgräben, wie ebenfalls ein Brief des Hrn. Richard White auf
Oakley Park, worin er die Nachtheile bezeichnet, die aus der bisher
gewöhnlichen Gebrauchs=Methode des Untergrundspfluges entstehen,
nebst der Angabe, diese zu beseitigen.

Man kann es dem Boden nicht ansehen, daß er so tief gearbeitet worden, ausgenommen an den graden Linien, die das
Sech gezogen hat, etwa 14 Zoll eine von der andern entfernt.
In etwa 3 Monaten nach dem Pflügen sind auch diese Linien
völlig verwischt, nur die Masse des Grummets und die Dick-
der Grasnarbe sind von allen meinen Nachbarn angestaunt
worden. Ein anderer Vortheil dieses Torf-Untergrunds-Pflu-
ges ist der, daß nachdem früher nach heftigen Regengüssen das
Wasser an vielen Stellen stehen blieb, an niedrigen Orten sogar
bis zu einer bedeutenden Tiefe, jetzt dergleichen nirgends mehr
zu sehen ist, indem es von der lockeren Erde im Untergrunde
völlig aufgesogen worden*). Aber auch für schwere Bodenarten
lauten die Zeugnisse über das Untergrunds-Pflügen günstig.
Im Jahr 1838 stellte Sir James Graham ein höchst interes-
santes Experiment der Art an, und zwar auf einem Felde von
acht Acres des dürftigsten und nässesten Bodens.

Die obere Krume, sagt derselbe, ist etwa 5 Zoll tief,
eine schwarze Erde torfartiger Beschaffenheit. Der Untergrund
ist ein nasser und zäher Lehm, untermischt mit Sand und roth-
braunem Grand. Dieser feste Lehm reicht bis auf die Sohle
der unterirdischen Abzugs-Gräben, die mit gebrannten Thon-
Röhren ausgelegt sind, welche 30 Zoll tief in jeder Furche
liegen**). Dieses Feld war an den eben abgezogenen Pächter
für 4 Sh. 6 P. (ohngefähr 1½ Thlr. Pr.) p. Acre verpachtet

---

*) Durch diesen Torf-Untergrunds-Pflug des Sir E. Stracey
wird sich ein neues Feld von großen Verbesserungen dem System des
Untergrunds-Pflügens im Allgemeinen anschließen, indem es dem
Grasbauer Gelegenheit geben wird, in bedeutendem Grade seine Weiden
zu verbessern, woran er bisher häufig durch die Bedingungen seines
Pachtkontrakts behindert wurde. Der Zweck dieses Instruments ist,
den Untergrund, unterhalb der Torflage so viel und so tief als irgend
möglich zu durchwühlen, ohne die darüber stehende Grasnarbe in
Stücke zu brechen u. s. w.

**) Anmerk. d. Uebers. d. h. zwischen einem Ackerbeet und
dem andern.

gewesen; es lag in Weide von der schlechtesten Beschaffenheit, überall wuchsen Binsen und andere Wasser-Pflanzen.

Nach ausgeführter Trockenlegung der Hälfte des Feldes durch verdeckte Abzüge, setzte ich den Smith'schen Untergrunds-Pflug in Anwendung — die andere Hälfte rajolte ich bis auf 10 Zoll Tiefe, mit zwei Pflügen, die einander folgten; also die erste Hälfte, ohne den Untergrund mit der Ackerkrume zu vermischen, bei der zweiten dagegen ward Ober- und Untergrund fast zu gleichen Theilen mit einander gemengt. Das ganze Feld wurde stark aber gleichmäßig gedüngt und mit Kartoffeln besetzt; und obgleich die Kartoffelerndte in der Nachbarschaft (Cumberland), selbst auf gutem Boden, bisher gewöhnlich unter mittelmäßig ausfiel, so gab dies Feld mehr als eine Mittel-Erndte und brachte ohngefähr 12 Tons p. Acre. Das Feld ist überall gleichmäßig durch unterirdische Abzugsgräben trocken gelegt. Und dabei war dasselbe auch so gleichmäßig überall bestanden, daß ich mit Bestimmtheit nicht anzugeben vermag, welche Hälfte die bessere war, doch bin ich geneigt, demjenigen Theile den Vorzug zu geben, der mit Herrn Smith's Untergrundspflug bearbeitet worden war.

In einem Briefe an den Sekretair der Engl. Agric. Society vom Januar 1840 setzt Sir Thomas Graham hinzu: in einer Mittheilung, die ich Ihnen im vergangenen Januar machte, erwähnte ich eines Feldes von acht Acres eines armen und nassen Bodens, durch Thon-Röhren trocken gelegt, die eine Hälfte mit zwei auf einander folgenden Pflügen 10 Zoll tief rajolt, die andere Hälfte mit dem Untergrunds-Pfluge des Herrn Smith zur Tiefe von 15 Zoll gearbeitet, der einem gewöhnlichen Pfluge nachging. In jeder andern Beziehung erhielt das Feld eine vollkommen gleiche Behandlung durchweg. Ich führte auch an, daß der Gewinn 12 Tons Kartoffeln p. Acre betrug und in beiden Hälften fast derselbe war, daß aber im Laufe des nachfolgenden Winters der Theil, auf welchem Herrn Smith's Untergrunds-Pflug gebraucht worden war, doch trockner und milder zu sein schien als der andere. Im

Frühjahr wurde das Feld von dem Inhaber unter Aufsicht meines Wirthschafters mit Haber und Gräsern besäet. —

Das Quantum Saat p. Acre und die allgemeine Behandlung des ganzen Feldes waren genau dieselben. Der Sommer ist ungewöhnlich naß gewesen. Dennoch war die Haber-Erndte sehr gut und die Gräser versprachen recht viel. Ein Viertel Acre in der mit Herrn Smith's Untergrundspflug bearbeiteten Hälfte wurde nun genau abgemessen, der Ertrag abgesondert und durch Menschenhände ausgedroschen und betrug 13 Imper. Bushels, was so viel ausmacht als 6 Quarters 4 Bushels auf den Acre. Ein anderer Viertel Acre wurde auf dem Felde abgemessen, wo mit dem Pfluge rajolt worden war, wo also der Untergrund sich mit der Obererde vermischt hatte. Dieses Viertel gab 11 Imper. Bushels Haber, gleich 5 Quarters 4 Bushels auf den Acre*). Demnach war der Theil des Feldes, auf dem der Smithsche Untergrunds-Pflug gearbeitet hatte, um 1/8 ergiebiger als der, wo rajolt worden war.

Der hier geerndtete Haber ist der sogenannte Kartoffel-Haber von vorzüglicher Qualität auf beiden Stücken; das Gewicht aber des Imperial-Bushels (circa 10½ Mtze) von dem Untergrunds-Pflug-Theile betrug 3 Stein**), während der Haber von dem rajolten Theile 3 Stein 1 Pfund p. Bushel wog — das Gewicht des Getreides vom rajolten Lande ist also größer gewesen als vom andern, aber bei weitem nicht groß genug, um sein Minder-Quantum zu ersetzen.

Wenn man bedenkt, daß die gemachten Auslagen auf diesen Acker 6 Pfd. Sterling 18 Shilling 4 Pence p. Acre betrugen, und daß vor 2 Jahren, ehe derselbe durch Röhren-

---

*) Anmerk. d. Uebers.: 1 Quarter ist gleich 8 Bushels oder circa 5 Scheffel Preuß.

**) Anmerk. d. Uebers.: 1 Stein, wenn von Getreidegewicht die Rede ist, beträgt in England 14 Pfund Engl.

Abzüge trocken gelegt worden war, die Pacht=Summe 4 S.
6 P. p. Acre betrug, so ist es klar, daß der Werth dieser
einzelnen Erndte nicht nur sämmtliche Verbesserungs = Kosten
zurückzahlt, sondern mehr ausmacht, als selbst der Capital=Werth
des Landes vor seiner Melioration.

Außer diesem ersten Versuch habe ich noch die Erfahrung
eines zweiten Jahres zu Gunsten des Untergrundspfluges auf=
zuweisen. Ich bin von seiner Vortrefflichkeit jetzt innig über=
zeugt, und alle Pflüger, die früher nichts davon wissen wollten,
und ihn als ein schwerfälliges Ackerinstrument verwünschten,
erkennen jetzt bereitwillig seinen Nutzen an und ziehen es mit
mir dem Rajolen vor. Gleichmäßig bin ich überzeugt daß der
Untergrunds=Pflug sich eben so vortheilhaft auf trockenem Bo=
den als auf nassem erweist; auf nassem Boden unterstützt und
vergewissert er die Wirkung der unterirdischen Abzüge, überall
aber vermehrt er die wirkliche Tiefe des Bodens, weil er den
Untergrund auflockert und dadurch den Pflanzen mehr Nahrung
zuführt; die Wurzel faßt tiefer und eine natürlichere Tempe=
ratur wird das ganze Jahr hindurch gleichmäßig unter der
Oberfläche festgehalten. Wenn ich nicht irre, so wird man
finden, daß der sandige Lehm nicht weniger als der strenge
Thonboden von dem Untergrundspflug Vortheil zieht, und daß
auf trockenem Lande eben so wie auf nassem, wo die Unfrucht=
barkeit eine Folge des harten, starren, hungrigen Bodens ist,
des Herrn Smith's Verfahren das richtige ist, welcher das
Substratum bricht, ohne es früher auf die Oberfläche zu
bringen, als bis es mit der Zeit durch die natürlichen Einwir
kungen der Atmosphäre und des Regens selbst milder und frucht=
barer geworden ist.

In meinem letzten Briefe erwähnte ich eines Feldes von
20 Acres trocknen Bodens, wovon ich die Hälfte bis 14 Zoll
Tiefe rajolen, die andere mit Herrn Smith's Untergrundspflug
bearbeiten ließ; das ganze Feld wurde darauf mit Knochen=
mehl gleichmäßig gedüngt und mit der weißen runden Turnip
(white globe turnip) besäet. Von beiden Hälften habe ich

seitdem auf einem Viertel Acre die Turnips ausheben lassen, dieselben sind sorgfältig gewogen worden und haben das folgende Resultat gegeben.

Das Gewicht der Turnips.

	p. Viert. Acre.			p. Acre.		
	Tons.	cwt.	Qr.	Tons.	ctw.	Qr.
Ein Viertel Acre White Globe Turnips auf d. Untergrunds- pflug-Abtheilung	4.	19.	1.	19.	17.	0.
Ein Viertel Acre dito auf dem rajolten Lande	4.	13.	0.	18.	12.	0.
Unterschied zum Vortheil des Untergrunds-Pflügens gegen das Rajolen	0.	6.	1.	1.	5.	0.

Das Bodenstück, das mit dem Untergrundspflug gearbeitet worden, ist in der That schlechterer Qualität als das rajolte, und daher betrachte ich obiges Experiment als entscheidend gegen die Methode, den Untergrund jemals, er sei so reich er wolle, sogleich an die Oberfläche zu bringen, ehe und bevor derselbe durch Herrn Smith's Verfahren mürbe und allmählig fruchtbar gemacht worden ist[*]).

Solches ist also die Wirkung des Untergrunds-Pfluges auf eine zähe und bündige Lehm-Unterlage gewesen, und ich kann aus derselben Zeitschrift über das Resultat der nehmlichen Operation auf einem leichten sandigen Boden Bericht erstatten, der 5—7 Zoll tief war und auf einer Schichte eines harten Grundes auflag. Diese Schichte wechselt an Tiefe zwischen acht und zwölf Zoll, und unter derselben liegt ein gelber Sand mit einer sehr schwachen Beimischung von Lehm.

Dieser höchst gelungene Versuch wurde im Jahr 1836 vom Sprecher des Unterhauses, Herrn Shaw Lefèvre zu Heckfield in Hampshire gemacht, und beliefen sich seine

---

[*]) Journ. of the Engl. Agric. Soc. Vol. I. p. 245.

Unkosten dabei auf 30 Schill. p. Acre. Die Einwirkung des Untergrundspfluges auf den Boden wird am besten aus dem Unterschiede seines Ertrages vor und nach dem Untergrunds-Pflügen erkannt werden.

das Jahr	Ertrag p. Acre	das Jahr	Ertrag p. Acre
1833.	Turnips nicht volle 2 Tons	1837	8 Tons
1834.	Gerste nicht volle 4 Sacks	1838	10 Sacks *)

In dem armen hungrigen schwarzen Grand von Spring Park in der Nähe von Croydon, der auf sandigem Untergrunde ruht und durch die Geschicklichkeit des Herrn Hewit Davis unter Cultur gebracht worden ist, hat sich der in Gebrauch gesetzte Untergrunds-Pflug vollkommen bewährt. Herr Davis hat hier 15 oder 16 Zoll tief mit 6 oder 8 Pferden gepflügt — er war auf diesen Plan zuerst durch die Beobachtung geführt worden, daß diejenigen Stellen in seinen Feldern sich seit langer Zeit durch eine ganz hervorstehende Üppigkeit der Saaten auszeichneten, wo ein unterirdischer Abzugskanal sich vorfand, oder wo ein alter Baum ausgehoben worden war; und er war so sehr von den Resultaten seiner Methode auf kiesigem Boden mit sandigem Untergrunde zufrieden gestellt, daß er sich entschloß, das System auf mehreren Gütern einzuführen, deren Bewirthschaftung er leitete.

So pflügte er im Jahr 1838 den Untergrund auf einem Felde von 14 Acres mit flacher Oberkrume, welche auf einer Kreide-Unterlage ruhte, die so weit an die Oberfläche reichte, daß die vom Pfluge gehobenen Kreide-Schollen, durch den Frost des Winters von 1838 auf 39 zu Pulver zerfallen, das Feld ganz buchstäblich schon von weitem her wie ein weißes Laken erscheinen ließen. Er gebrauchte dazu 8 Pferde und arbeitete 16—18 Zoll tief.

Das Land war weder gedüngt noch gebracht, erhielt nur Eine Pflugart, und gab bennoch 1839 eine Weizen-Erndte von reichlichen 5 Quarters (1 Qu. = 5 Sch. Pr.) p. Acre.

---

*) Journ. of the Engl. Agric. Soc. Vol. I. p. 38.

Auf tiefem Lehmboden hat er die nehmlichen günstigen Erfolge vom Untergrunds-Pflügen erhalten*).

Es ist allemal ermuthigend, wenn die Beobachtungen des praktischen Landwirths die Experimente des Chemikers bestätigen, so wie dies der Fall war bei den Hampshire Landwirthen, die bei ihrem gebundenen strengen Lehmboden, wie er im Norden dieser Grafschaft ist, bemerken, daß wenn dieser vermöge des Pflügens in einen mürben und lockeren Zustand versetzt worden, so daß die Atmosphäre frei durchziehen kann, daß alsdann die Oberfläche des Untergrundes auch sofort sehr feucht wird und sich auch so während der wärmsten Jahreszeit erhält. Je feiner der Boden gelockert ist, um so dauernder bleibt auch die Oberfläche des Untergrundes feucht. Die Bebauer von Kreide-Boden in derselben Grafschaft haben auch an den Weizenfeldern, da wo sie an die Kante von Kreidegruben anstoßen, beobachtet, daß, so wie der Boden an dieser Kante durch Abräumung gelockert wird, alsdann die Wurzeln der Weizen-Pflanzen, die unmittelbar neben jenen Gruben stehen, sich auf eine merkwürdige Weise verlängern, ja mitunter 3 bis 4 Fuß tief eindringen, und zwar in denselben Kreide-Untergrund, als woraus die Oberkrume selbst mehrentheils besteht**). In diesen und ähnlichen Fällen ist gewiß die größere Ausbreitung der Wurzeln, nach Nahrung suchend, sehr beachtungswerth, weil daraus hervorgeht, welche Anstrengungen eine Pflanze in solcher Lage macht, um Nahrung zu finden, die unter solchen Umständen wahrscheinlich in Feuchtigkeit oder in den atmosphärischen Gasen besteht, da wir hier finden, daß die chemische

---

*) Herr Davis hat mich autorisirt es auszusprechen, daß er einem jeden Landwirth, der ihn besuchen wolle, mit Vergnügen seine Felder in Spring Park bei Croydon zeigen werde, die den dürftigsten Boden haben, der je in Cultur gesetzt worden. Einen Pflug nach eigner Construction wandte er zuerst im Jahr 1832 an.

**) Anmerk. d. Uebers.: Sie suchen im tiefern Kreideboden, was sie im oberen nicht finden — nicht etwa directe Nahrungsstoffe, sondern — Feuchtigkeit.

Beschaffenheit des Untergrundes sehr analog ist der der Ober=
krume. Der von der Pflanze gesuchte Nahrungsstoff konnte hier
also nicht Kreide oder Kieselerde sein, und eben so wenig ist
es wahrscheinlich, daß die Wurzel nach Thonerde verlangte,
indem diese nur in sehr geringem Verhältniß in den Pflanzen
vorkommt. Auch sich zersetzende organische Stoffe müssen wahr=
scheinlich dem eisenhaltigen Untergrunde gänzlich fehlen, so daß
atmosphärische Luft und Wasser wohl die einzige Nahrung der
Pflanzen ausmachen dürften, die auch die Wurzeln der Weizen=
Pflanzen hier finden, indem sie sich so tief in die aufgelockerte
Kreide senken*).

Solches wären also die mit Fug und Recht von dem
System des Untergrundspflügens zu erwartenden Vortheile, die
auf den meisten Bodenarten wohl bequem genug von dem Be=
bauer zu erreichen sein dürften.

Dies System hat überdies den großen Vorzug, das Land
aus seinen eigenen Mitteln zu verbessern; kein andrer Acker
darf deshalb etwas verlieren oder zu seinem Schaden abgeben,
keine künstlichen Düngerstoffe dürfen angeschafft werden, um
das bisher vernachläßigte Feld tragbar zu machen. Der Land=
wirth hat nur nöthig die Vortheile zu benutzen, die ihm die
neuen Verbesserungen in dem Bau der Acker=Instrumente
darbieten.

In manchen einzelnen Verhältnissen dürfte freilich der
Landwirth, theils wegen des kleinen Umfanges seiner Felder,

———

*) Des Herrn Johnson's Vorschläge, so sagt der Herausge=
ber des Brit. Farm. Magaz. Jan. 1840 in einer für mich höchst schmei=
chelhaften Weise, sind der Beachtung aller Landwirthe sehr zu empfeh=
len, die den Wunsch haben, selbst aus dem magersten Boden etwas
zu erzielen. Wir selbst haben die Vortheile seiner Methode, einen
trocknen kreidigen Untergrund in der Kleestoppel zu Weizen umzu=
brechen, bei der letzten Erndte erfahren; denn der so mit dem Unter=
grundspfluge bearbeitete Theil des Feldes gab acht bis zehn Bushels
mehr p. Acre, wie der nur Einmal auf gewöhnliche Weise gepflügte
Theil.

4

theils weil es ihm an den nöthigen Thierkräften zur Anwendung des Untergrunds-Pfluges fehlt, die Bearbeitung durch Menschenhände vorziehen, und es hat glücklicher Weise die Erfahrung gelehrt, daß die Unkosten des tiefen Grabens oder der Spaten-Arbeit wenig abweichen von denen des Untergrunds-Pfluges.

Viel Lehrreiches hierüber hat **Dr. Yelloly** gesammelt, jedoch nicht sowohl in der Absicht, die gesteigerte Fruchtbarkeit als Folge des tieferen Ackerns zu erweisen, als vielmehr um zu zeigen, welch' ein unermeßliches Feld gewinnbringender Beschäftigung für eine wachsende und zunehmende Bevölkerung sich dadurch eröffnet, und in dieser Beziehung bemerkte er in seiner Mittheilung an die statistische Abtheilung der brittischen Association zu Liverpool im Jahr 1837 folgendes:

„Die bisher in vielen Theilen des Königreichs angestellten Versuche mit der Spaten-Cultur sind in Rücksicht der Ausdehnung noch unzureichend gewesen, um irgend einen richtigen Maßstab der allgemeinen Anwendbarkeit dieses Verfahrens anzugeben. In der That sind dergleichen Versuche auch gewöhnlich nur entweder als Gegenstände der Speculation und des Experiments oder als menschenfreundliche Bemühungen wohlthätig Gesinnter, den Armen Beschäftigung zu geben, betrachtet worden, ohne dabei das pecuniäre Rentiren zu berücksichtigen. Ich habe deshalb geglaubt, es könnte der Gesellschaft angenehm sein, Kenntniß zu nehmen von den Resultaten einer weit ausgedehnteren Anwendung dieser Cultur-Methode, als bisher in unserm Vaterlande meines Wissens irgendwo stattgefunden hat.

Die Pachtung, auf welcher dies System befolgt wird, ist die von **Wattelfield** im Kirchspiel **Wymondham**. Das Gut ist im Besitz des **John Mitchell Esq.** und wird von ihm bewohnt und bewirthschaftet. Die Pachtung enthält 317 Acres, wovon 207 Ackerland sind und 110 in Weide und Pflanzungen liegen. Der Boden ist ein gemischter, neigt aber eher zum schweren hin. Die Gegend ist flach und das Land erfordert unterirdische Wasser-Abzüge, wozu man sich des Reisigs und des Strohs zur lockeren Ausfüllung bedient.

Sobald es nur bekannt wurde, daß Herr Mitchell willens sei, die Spaten-Cultur in größerer Ausdehnung und auf die Dauer einzuführen, und nicht blos als ein Experiment oder als ein vorübergehendes Mittel, den Leuten mehr Beschäftigung zu geben, so schwiegen sehr bald die früheren Vorurtheile dagegen; und da die Arbeiter fanden, daß ihr Lohn vollkommen so hoch heraus kam, wie wenn die Arbeit stückweise bezahlt wurde, und weit mehr betrug, als der gewöhnliche Tageslohn, und daß jeder Arbeiter, gleichviel ob verheirathet oder nicht, nach der geleisteten Arbeit gelohnt wurde, so wurde die Sache bald sehr populair, und in Kurzem konnte Herr Mitchell über die Dienste der zuverläßigsten und geschicktesten Leute in der Nachbarschaft verfügen. Obgleich die Arbeit zuerst mit dem Spaten anfing, so erlaubte er bald, auf eigenes Ansuchen der Arbeiter, den Spaten mit einer starken dreizackigen Gabel (Forke) zu vertauschen, 14 Zoll lang und 7½ Zoll breit, weil diese sich zur Arbeit behender und weniger kostbar als der Spaten erwies. Die Gabel kostete 1 Sh. 6 P.; der Spaten 6 S. 6 P.; sie wog 8 Pfund und konnte, wenn sie abgenutzt war, mit ganz geringen Kosten frisch erlegt werden.

Der Gräber hebt bei dieser Arbeit jedesmal etwa 4 Zoll Erde heraus, setzt das Werkzeug senkrecht ein und gelangt in zwei Stichen bis zur erforderlichen Tiefe.

Die Erde wird nie tiefer als 10 Zoll herausgeworfen, obgleich die Gabel 13 bis 14 Zoll einbringen kann. Die auf diese Weise unten bleibende Erde im gekrümelten Zustande entspricht aber dem Zwecke ganz so wie die ausgeworfene, nehmlich: den Wurzeln der Pflanzen ein poröses Medium zu verschaffen, worauf sie wachsen sollen. Die Leute arbeiten gerne beisammen, damit ihre Arbeit so viel als möglich auf der nehmlichen Gattung von Boden geschehe, ein jeder aber nimmt ohngefähr 9 Fuß Weite für sich, so daß sein Tagewerk leicht übermessen werden kann. Alle halbe Stunde wird den Arbeitern eine kurze Erholung gegönnt und sie arbeiten nie länger als 10 Stunden den Tag. Das Graben indeß ist mühsamer als die gewöhnlichen landwirthschaftlichen Arbeiten, obgleich die Gabel hiebei einen großen Vorzug vor dem Spaten hat. Sie arbeiten das Land in Beeten oder Rücken von circa 9 Fuß Breite, und die dazwischen liegenden Furchen werden bisweilen schon vor dem Gräben mit dem Pfluge gezogen, oft aber auch entstehen sie erst durch die Arbeit selbst, lediglich nach dem Augenmaaße der Arbeiter. Wird ein Getreide-Stoppelfeld in gewöhnlicher Art gegraben, so erhalten die Leute von 2 bis 2½ P. p. Ruthe von 30 Quadrat-Yards (1 Yard eine Kleinigkeit länger als unsre Elle). Der Arbeitslohn wechselt je nach der Zähigkeit des Bodens, und auch je nachdem Dünger untergegraben werden soll oder nicht*). Soll das Feld eine Braache-Frucht tragen, d. h. Turnips, Mangold, (denn nirgends existirt auf diesem Gute oder in dessen Nähe je eine Schwarz-Braache)**) so wird es zuerst Einmal gepflügt, und zwar zu einer Zeit, wo die Pferde am leichtesten zu entbehren sind, und sodann wird es gegraben zu 1¾ P. bis 2 P. p. []Ruthe. Bei solcher Braachfeld-Zubereitung

---

*) Diese Ausgabe also beträgt nur 1 Pfd. St. 13 S. 4 P. p. Acre und in vielen Situationen würde das Graben bis zur Tiefe von 14—16 Zoll an Wirksamkeit einer Sommerbraache von mehren Pflugarten vollkommen gleich stehen; unter dem bloßen Gesichtspunkte der Sparsamkeit ist daher unter gewissen Umständen das Graben des Feldes dem Pflügen vorzuziehen.

)¹ Das Braachen, sagt Davy, gewährt dem Lande keine neue Quelle des Reichthums; es dient nur dazu, eine Anhäufung zersetzbarer Stoffe möglich zu machen, die bei der ununterbrochenen Benutzung des Ackers eben so rasch verbraucht werden würden, wie sie entstehen, und man kann sich kaum einen einzigen Fall denken, wo ein Feld unter Cultur mit Vortheil für den Wirth ein ganzes Jahr hindurch sollte braach liegen können. Der einzige positive Nutzen, den die Braache gewähren könnte, wäre vielleicht die Zerstörung des Unkrauts und das Reinigen eines vernachläffigten Bodens. **Agric. Chem. pag. 23.

kommt noch die Ausgabe für das Eggen und das Auffahren mit dem Pfluge hinzu, was etwa noch 7 S. p. Acre beträgt.

Zur Erndte erhalten die Leute den nehmlichen Lohn wie in der Nachbarschaft; da sie aber in der Regel alsdann nicht Alle gebraucht werden, so zerstreuen sie sich bei den Nachbaren, mit der Weisung, nach vollbrachter Erndte ihr Geschäft wieder antreten zu können, was sie denn auch jederzeit mit Vergnügen thun. Obgleich das Graben die Hauptbeschäftigung der Leute ist, so nehmen sie doch auch Antheil an andern gewöhnlichen Arbeiten des Landmanns für die gebräuchliche Bezahlung, und alle Arbeit auf dem Gute wird so viel als möglich Stückweise bezahlt, bis auf das Heuwerben, wofür Tagelohn gezahlt wird. Der durchschnittliche Erwerb der Leute fürs Graben ist 11 bis 12 S. p. Woche, je nachdem der Arbeitslohn im allgemeinen höher oder niedriger steht*).

Herr Mitchell ist der Meinung, daß eine Rotation von 7 Jahren statt der gewöhnlichen von vier Jahren die für die Spaten = Cultur geeignetste ist, und darnach ist er auch so viel wie möglich zu Werke gegangen. Nachdem er durch seine ersten Versuche befriedigt war, erweiterte er die Cultur seines Gutes bis zur gegenwärtigen Ausdehnung, und bei einem 7jährigen Turnus würde folgendes die Namen und Verhältnisse der verschiedenen Saaten bezeichnet haben, wäre er lange genug prak=

---

*) In Flandern gönnt man der Oberkrume, die 7—8 Jahre hintereinander Erndten gebracht hat, nicht nur einige Ruhe, sondern man setzt noch dazu eine andere Erd = Schichte bei ihr in Thätigkeit, welche nicht nur den Vortheil der Ruhe, sondern auch den einer großen Bereicherung von Dünger genossen hat, der bei einem porösen Acker nicht umhin kann, seinen Weg bis unter die gewöhnliche Tiefe der Ackerung zu finden. Einen Acre leichten Landes 18 Zoll tief zu graben, kostet in Flandern 1 Pfd. 11 S., strenger Boden zur nehmlichen Tiefe 1 Pfd. 11 S. 2 P. und selbst bei einer Tiefe von 2 Fuß nur 2 Pfd. 5 S. — Mit den gehörigen Werkzeugen und einiger Erfahrung kann 1 Arbeiter 1 Acre leichten Bodens 18 Zoll tief in 25 Tagen graben, und sogar 2 Fuß tief in fünf und dreißig Tagen. Sinclair's Code of Agriculture p. 391.

tischer Landwirth geblieben, um seine Ideen vollständig auszuführen, nämlich:

1tes Jahr Braache - Erndte von Turnips, Kohl
oder Beeten . . . . 30 Acres.
2tes Jahr Gerste . . . . 30 ⸗
3tes u. 4tes Jahr Klee oder angesäete Gräser . 58 ⸗
5tes Jahr Haber . . . . 29 ⸗
6tes Jahr Bohnen, Erbsen oder Wicken . . . . 30 ⸗
7tes Jahr Weißen . . . . 30 ⸗

Summa 207 Acres.

Es muß aber bemerkt werden, daß Herr Mitchell die Kleestoppel zur folgenden Saat stets gepflügt und nicht gegraben hat, und daß die Pferde, wenn nicht anderwärts beschäftigt, den Gräbern bei der Zubereitung des Landes zur Saat behülflich waren. Man darf auch in der That von der Spaten⸗Cultur selbst in ihrer höchsten Ausbildung nicht erwarten, daß sie den Pflug völlig ausschließen könne, wenn sie im Großen ausgeübt wird; denn da immer eine gewisse Anzahl von Pferden in der Wirthschaft zu verschiedenen Arbeiten gehalten werden muß, so wird man diese natürlich lieber zum Pflügen gebrauchen, als sie müßig stehen lassen, wenn nichts Anderes für sie zu thun ist. Außer einem Kämmerer werden zwanzig Arbeiter auf dem Gute gehalten, statt dreizehn, die bei der gewöhnlichen Wirthschaftsweise nothwendig sein würden, dagegen aber auch nur sechs Pferde statt zwölf. Mit einer so geringen Anzahl von Pferden wäre aber wohl augenscheinlich den Ansprüchen der Getreide⸗ und Heu⸗Erndte nicht zu genügen, und daher wird auch ein großer Theil des Getreides und des Heu's sogleich auf den Feldern, auf denen es gewachsen ist, in Schobern aufgesetzt. Herr Mitchell hält dafür, daß die Spaten⸗Cultur den Boden dergestalt verbessere, daß er im Stande sei, 2 Jahre hintereinander Klee oder angesäete Gräser zu tragen, woburch schon Eine Jahres⸗Bearbeitung des Feldes erspart wird. Unter diesem Gesichtspunkte betrachtet ist daher die 4jährige Rotation der Spaten⸗Cultur nicht so angemessen, wie eine von längerer Dauer. Auch hält er es nicht für unwahrscheinlich, daß bei der fortgesetzten Verbesserung des Bodens der Klee öfter als alle acht Jahre wiederkehren dürfe, welches als der kürzeste Zwischenraum zu seiner erlaubten Wiederkehr in der Grafschaft Norfolk angesehen wird, wobei man sich als Substitute des Klee's einiger anderer künstlicher Weide-Gräser bedient, und diese dazwischen schiebt*).

Das System der Spaten-Cultur ist weder ein kostbares noch ein gefährliches. Es ist ein geringeres Capital dazu erforderlich als bei den gewöhnlichen Methoden, indem weniger Pferde und Ackerwerkzeuge nöthig sind, und die Vortheile der guten Bearbeitung sich auf der Stelle ergeben. Man beabsichtigt durch sie die Armen-Taxen zu vermindern und die Armen-Gesetze bedeutend zu unterstützen, während zugleich der Arbeitsmann auf der Scala des gesellschaftlichen Zustandes höher steigt, da sein Erwerb zunimmt, der nun auf einer festen und dauernden industriellen Grundlage zu ruhen kommt.

Die Spaten-Cultur hat große Aehnlichkeit mit dem Gartenbau in Rücksicht ihrer Einwirkung auf den Boden, den sie zerkleinert und reinigt, und zwar viel durchbringender, als solches Pflug und Egge vermögen. Alle dem tieferen Pflügen beiwohnenden Vortheile kommen auch der Spaten-Cultur zu Gute, wodurch im Verhältnisse zum gewöhnlichen Pflügen der Boden um das Doppelte tiefer aufgelockert wird. Beim Weißen habe ich Gelegenheit gehabt zu beobachten, daß die Anzahl und die Länge der Wurzeln weit bedeutender in gegabeltem (d. h. mit der Zinken-Forke behandeltem) als in gepflügtem Lande sind**).

---

*) Haben wohl schon Bebauer solcher Kleerüben-Felder den Versuch gemacht, Gyps zu 2 Ctr. auf dem Acre, an einem feuchten April-Morgen auf den jungen Klee zu streuen? Anmerk. d. Uebers. Ich meinerseits streue den Gyps allemal lieber auf den zweijährigen Klee, wenn derselbe noch vor die Sense kommen soll, wobei nebenbei auch die folgende Nachfrucht vortheilen dürfte.

**) Diese Verbesserungsmethode wüster Ländereien ist am Ende die wohlfeilste, weil sie auf einmal vollständig beendigt wird und

Man könnte wohl auf den Gedanken kommen, daß durch die Beseitigung des Pfluges und die dafür aufgenommene Anwendung des Spatens oder der Zinkengabel eine bedeutende mechanische Erfindung wieder verworfen und ein Rückschritt in den menschlichen Verbesserungen gemacht würde; es ist aber nicht allemal der Fall, daß die höchste Kraft auch zugleich die bequemste in der Anwendung ist, und viele Beispiele beweisen es, daß die einfachere Arbeitsmethode der künstlicheren und complicirteren bei weitem den Vorsprung abgewinnt.

In dem Feldbau z. B. hat das **Dibbling***) des Weizens das breitwürfige Säen und das Drillen in seiner Wirkung in manchen Gegenden weit übertroffen und zwar wegen der Saat-Ersparniß, die beinahe, wo nicht ganz, den Unterschied der Kosten der breitwürfigen Saat ausgleicht. Die größere Genauigkeit in der Arbeit wird natürlich auch allemal ein sichereres und größeres Ergebniß mit sich führen. Der Pflug ist in der That ein plumpes und unvollkommenes Instrument, dessen Verbesserung der wissenschaftlich gebildete Mechaniker für kaum der Mühe werth erachtet hat. Er ist keinesweges geeignet, den Boden für alle die verschiedenen vegetabilischen Erzeugnisse vorzubereiten; ein zweckmäßiges Pflanzen, sei es von Weinstöcken, Bäumen oder Sträuchern, verlangt, daß der Boden nicht nur gegraben, sondern rajolt sei, um den Wurzeln

---

keiner Wiederholung bedarf. Unter nur gewöhnlichen Schwierigkeiten aber werden zwei Erndten erst die Unkosten des Rajolens decken.

In Aberdeenshire sind durch Rajolen nicht weniger als 20,000 Acres wüsten Landes der Cultur anheim gefallen. **Sinclair's Code of Agric. p. 394.**

*) Anmerk. d. Uebers.: **Dibbling** heißt diejenige Methode des Säens, wonach Ein Mann mit einem viereckigen Brette, dessen untere Fläche mit einer gewissen Anzahl hölzerner Pflöcke im Verbande besetzt, die obere mit einem Stiele in der Mitte als Handhabe versehen ist, auf dem glattgeeggten Felde die Saatlöcher nach der Anzahl der Pflöcke einstößt, hinter welchem einige Kinder mit dem Saattuche nachgehen, und 2—3 Körner der Saat in jedes Loch werfen.

Raum zur Verbreitung zu geben. Kein Gärtner würde sich beikommen lassen, Kartoffeln, gelbe Rüben oder Kohl in gepflügtes Land zu pflanzen, wenn er es graben lassen kann, denn der Unterschied des Ertrags übersteigt bei weitem die Mehrkosten des Grabens. Aber wenn das auch nicht beim Feldbau statt findet, und die Unkosten des Grabens auch nur eben durch den Mehrertrag ausgeglichen würden, so spräche dennoch ein großer Vortheil für das Graben, nehmlich die Beschäftigung der ärmeren Klasse zu allen Zeiten, wo weniger Arbeit vorliegt, um überall die vorhandenen Kräfte in Anspruch zu nehmen.

In einigen anderen Gegenden von Norfolk ist die Spaten-Cultur, wenn auch nur in geringer Ausdehnung, dennoch zur Anwendung gekommen; und ich hatte frühe im vorigen Jahre Gelegenheit, bei Herrn Gedney Augenzeuge eines sehr viel versprechenden Beginns dieser Methode zu sein, einem sehr tüchtigen und erfahrnen Landwirth zu Redenhal bei Harleston, wo er eine Pacht von 300 Acres besitzt. Seine Versuche waren so ermuthigend, daß er die Fläche seines Gabellandes (wenn ich den Ausbruck gebrauchen darf) im Herbst des vergangenen Jahres von ohngefähr 18 bis auf 50 Acres vermehrte, auf welchen er üppige Felder erzeugt und reiche Erndten von Weizen, Gerste, Erbsen, Bohnen, Beeten, Turnips und Kartoffeln gewonnen hat. Er fand nicht so große Schwierigkeiten, als Herr Mitchell anfangs zu besiegen hatte, um Leute zu erhalten, und mit Nachdruck dieses neue Verfahren auszuführen, und er zahlt von 1¾ P. bis 2½ P. p. Ruthe fürs Graben von sieben oder acht bis zwölf Zoll Tiefe, wobei er doch im Allgemeinen die größere Tiefe vorzieht.

Ich freue mich, nach einer kürzlich erhaltenen Mittheilung des Herrn Gedney, zu erfahren, daß meine eigenen Ansichten in Betreff der anbauernden Verbesserung des Bodens durch die fortgesetzte bedeutend tief gehende Bearbeitung der Oberfläche durch dessen Beobachtungen Bestätigung erhalten, obgleich aus einem andern Grunde — nehmlich deshalb, weil dadurch ein Theil des Lehms, (wenn ein solcher den Untergrund bildet) vermöge der Vermischung mit der oberen Krume in neue Thätigkeit gesetzt wird; und weil durch die Lockerung des Untergrundes das Wasser zugleich einen bequemeren Abzug in die unterirdischen Kanäle umb nach dem Untergrunde erhält. Herr Gedney bemerkt noch dabei, daß der Druck des Pfluges bei nassem Wetter die Sohle der Furche gewissermaßen glasirt und so das Einsaugen des Wassers verhindert, was, wenn es in der Krume zurückgehalten wird, die die Saat aufzunehmen bestimmt ist, nur zu oft, zumal in schwerem Lehmboden, dürftige Erträge nach sich zieht, ganz besonders bei eingesäeter Gerste. Diese Gabel=Arbeit erachtet er besonders geeignet für Gerste nach Wicken, indem sie frische Erde in die Höhe bringt (was den jungen Kleepflanzen so zuträglich ist) und auf diese Art dem oft vorkommenden Fehlschlagen des Klees vielleicht vorzubeugen wäre, wenn dieser mit der Gerste nach Wicken ausgesäet würde. Auch stimmt er mit Herrn Mitchell darin überein, daß es besser sei, die Kleestoppel zu pflügen als zu graben, nicht nur weil die Kosten des Grabens bedeutender wären, sondern auch, weil die feste Erdscholle, wenn sie durch den Pflug nur umgewendet wird, ganz gut und hinreichend zerkleinert zur Keimung des Weizens ist, wenn derselbe durch das Dibbling untergebracht wird, zugleich aber auch das sogenannte black grass*) nicht aufkommen läßt, womit schwerer Boden so oft behaftet ist**). —

Eine andere Weise, den Boden zu vertiefen und somit seine Fruchtbarkeit dauernd zu erhöhen, besteht darin, daß man ihm in einem gewissen Verhältnisse solche Erdarten zumischt, die er selbst nicht besitzt.

---

*) Anmerk. d. Uebers.: black grass, eine Species von Binsen, und zwar Juncus bulbosus Lin., verschieden von den andern Juncus-Arten dadurch, daß diese Blätter treibt.

**) Dr. Yelloly on Spadehusbandry p. 3—13.

Wahr ist es, daß in vielen Fällen der hohe Fuhrlohn von Lehm, Mergel, Kreide oder Sand scheinbar der Melioration dieser Art ein Hinderniß entgegen stellt — dies Hinderniß aber entspringt häufig nur daher, daß der Wirth zu bedenken außer Acht gelassen hat: erstlich die durch eine solche Beimischung erhöhte Fruchtbarkeit des Bodens, und sodann die Verringerung aller späteren Ausgaben der Bearbeitung — denn die Ländereien, deren erdige Bestandtheile zum rechten Verhältniß der Fruchtbarkeit gemengt sind, werden immerdar auch diejenigen sein, die die wenigste Arbeit und den geringeren Zuschuß animalischen und vegetabilischen Düngers bedürfen, um die allerglänzendsten Resultate zu liefern.

Auf dem armen Boden ist der Landwirth genöthigt, durch häufig wiederholte Düngungen mit organischen Stoffen jene Feuchtigkeit= einsaugende und festhaltende Kraft des Bodens zu befördern, und seinen Saaten die nothwendigen erdigen Bestandtheile zuzuführen, die ein an sich besserer Boden schon von selbst an dieselben abgiebt. Der Landwirth sollte also stets bedenken; wenn er die Kosten einer vorzunehmenden Verbesserung berechnet, daß dadurch die Nach=Ausgaben der Bearbeitung einerseits sehr ansehnlich und dauernd vermindert, und andrerseits seine Erndten im nehmlichen Maße erhöhet werden. Es ist einleuchtend, daß bei dem ganz unbedeutenden innern Geldwerth der Erdtheile, die den fruchtbaren Boden ausmachen, wie Lehm, Sand und Kreide, es allein die Kosten der Anfuhr sind, die dieser Erdmischung im Allgemeinen entgegen stehen; und da ich überzeugt bin von der großen Beihülfe, die in dieser Beziehung die Eisenbahnen in vielen Fällen den Landwirthen leisten werden, so werde ich in Kürze die Erleichterungen andeuten, die sie in Gemeinschaft mit den übrigen verbesserten Transportmitteln herbeiführen zur vortheilhaften Ausführung der oben genannten Erdmischungen. In dieser Unternehmung ist wieder die Natur unsere Führerin, denn es wird der Ackerwirth bald finden, wenn er die Zusammensetzung des besten Alluvial=Bodens untersucht, daß die Vorsehung schon

in der Bildung jenes Bodens verschiedene Schichten mit einander vermengt hat, aber nach einem großen Maßstabe, wie
ich genau dasselbe in einem kleineren Verhältnisse zur Ausführung dem Praktiker empfohlen habe.

Nehmen wir z. B. den reichen angeschwemmten Boden
der niedern Theile des Themse-Thales, der allmählig im Laufe
der Jahrhunderte entstanden ist, indem der Fluß die Nieder-
schläge von höher gelegenen Feldern hier abgesetzt hat. Hier
hat die Natur die Kreide von **Berkshire** und **Oxford**, den
Lehm von **Surrey** und den Sand von **Kent** und **Middlesex**
zu bewunderungswürdigen Resultaten mit einander vermischt;
sie hat aus an sich sterilen Erdschichten ihre Elemente hier verei-
nigt, und durch deren Zusammensetzung und Beimischung den
reichsten Boden geschaffen. Der so häufig angeführte erste
Aphorism des Sir Francis Baco von Verulam in seinem
Novum Organum findet hier seine vollste Anwendung:

„Der Mensch, sagt Baco, der der Diener und Doll-
metscher der Natur ist, kann nur so viel verstehen und nur so
viel thun, als er eben nur zur Betrachtung oder zur That von
dem Gange und der Ordnung der Natur abgelauscht hat."
Dieser gegenseitige Tausch der Bodenarten Behufs der Vermehrung ihrer Fruchtbarkeit ist bisher vorzüglich durch den
Mangel an billigen Transportmitteln behindert worden, denn
wahrlich, es sind sonst die Landwirthe England's wohl so allgemein mit den Vortheilen mineralischer Düngerstoffe bekannt,
daß sie wohl jede Gelegenheit benutzen, sie, wo es Vortheil
bringt, anzuwenden*). Der Mergel, der eine Mischung von

---

*) Die besten natürlichen Bodenarten, sagt der hochberühmte
Sir **Humphry Davy**, sind diejenigen, deren Bestandtheile von ver-
schiedenen Erdschichten zusammen gekommen, die aufs feinste durch
Wasser und Luft zertheilt worden, und sodann aufs innigste mit ein-
ander gemengt worden sind; und wenn der Landwirth künstlich seinen
Boden verbessern will, so hat er nichts besseres zu thun, als dem
Prozeß der Natur zu folgen. Die zum Zwecke dienlichen Materialien
sind selten von dem Ort der Verwendung sehr entfernt; grober Sand

Kreide und Lehm oder von Kreide und Sand ist, wurde von
unsern Voreltern weit und breit als eine Düngung gebraucht,
und Niemand kann den Bericht, den **Plinius***) über die länd=
lichen Arbeiten der alten Britten giebt, lesen, ohne über die
feine Unterscheidungsgabe, dieses augenfällige Resultat einer lan=
gen und aufmerksamen Beobachtung, zu erstaunen, die sich schon
bei ihnen in der Anwendung des Mergels auf bestimmte Boden=
gattungen kund that; und schon seit einer sehr frühen Periode
ist es weitverbreitete Sitte bei den Landwirthen von **Corn-
wallis**, den Sand von **Padstow Harbour** (welcher 64% koh=
lensauren Kalk enthält) zum Zwecke der Erdmischung von
der Seeküste theils in Karren, theils auf Pferden einige
Meilen weit ins Land hinein zu transportiren. Diese Berechti=
gung genießen sie, frei von jeder Abgabe an die Eigenthümer
des Küstenstrichs, nach einer Bewilligungs=Urkunde von **Richard, Herzog von Cornwall**, bestätigt durch eine andere
№ 45. von **Henry III.** im Jahr 1261, und unterstützt durch
das Statut 7. unter **James 1.** c. 18., welches ausdrücklich
diesen Sand für höchst vortheilhaft zur Verbesserung des Bo=
dens und ganz besonders zur Vermehrung des Getreides und
des Feldbaues innerhalb der Grafschaften **Cornwall** und
Devon erklärt.

---

wird häufig über der Kreide gefunden, und Unterlagen von Sand
und Kies finden sich gemeinhin unter dem Lehm. Die auf die Ver=
besserung der Textur und Zusammensetzung verwendete Mühe macht
sich bezahlt durch einen großen und andauernden Nutzen; es wird
sofort weniger Dünger erforderlich, und die Fruchtbarkeit des Bodens
bleibt gesichert. Capitalien aber, auf diese Weise angelegt, sichern
auf immerdar die Ergiebigkeit und demgemäß auch den Werth des
Bodens. **Elem. of Agric. Chem. p. 204.**

*) Lib. XVII. 6. 7. 8. — Es finden sich alte Mergel=
gruben bei **Chichester** und in andern Theilen von England, (der Tra=
dition nach Werke der Römer,) die jetzt starkes Bauholz tragen, wel=
ches augenscheinlich der Wachsthum von Jahrhunderten ist.

Diese werthvolle Verwendung des Seesandes ist inbeß
jetzt nothgedrungen auf die Ländereien in der Entfernung nur
weniger Meilen von der Küste beschränkt, und dennoch werden
auch jetzt noch nach Dr. Paris, jährlich vier und funfzig tausend einspännige Karren-Ladungen dieses kalkhaltigen Sandes
von den Pächtern in der Nähe von Padstow Harbour verbraucht. Die Pächter von Norfolk verwenden eine ähnliche
Gattung Seesand im nordöstlichen Theil dieser großen Ackerbau-
treibenden Grafschaft, und da derselbe, wie der Sand zu
Padstow, auch eine bedeutende Menge kohlensauren Kalks
enthält, so bewährt er sich als ein sofort und andauernd fruchtbar machender Stoff in der Beimischung zum Lehm. Der
dauernd steigende Werth des Bodens liegt eben in der Anwendung von mineralischen Verbesserungsstoffen; denn die Zumi-
schung von Kreide oder Lehm dient nicht etwa nur wie der
Gebrauch der thierischen oder Pflanzen-Düngerstoffe auf ein,
zwei, drei oder vier Jahre, sondern ihre Fruchtbarmachung
wird noch nach zwanzig Jahren bemerkt und länger — denn
sie verbessert die innerste Substanz des Bodens
selbst.

Der Mergel ward sicherlich schon von den früheren Römischen Ackerbauern als eine werthvolle Zuthat auf ihren Feldern benutzt, worüber Columella sich folgendermaßen aus-
spricht: „Wenn Ihr bemohngeachtet keine Gattung von Dünger
besitzet, so wird es Euch sehr vortheilhaft sein, es so zu machen, wie ich mich erinnere, daß Marcus Columella, mein
Oheim, es zu machen pflegte, ein sehr gelehrter und fleißiger
Landwirth, nehmlich Kalk oder Mergel auf solche Stellen zu
führen, wo sehr viel Kies befindlich, und Kies auf solche,
die Kalk im Ueberfluß haben, oder zu dicht, bündig und steif
sind; auf diese Weise hat er nicht nur vieles und schönes
Getreide gebauet, sondern auch herrliche Weinberge geschaffen,
denn dieser selbe sehr gescheute Landwirth rieth auch davon ab,
dem Weinstock Dünger zu geben, weil dieser den Geschmack
des Weines verderben würde, und erachtete es für besser, allen

Kehricht aus Dickichten, unter Dorn und Busch, oder kurz
gesagt, alle und jede andere Erdgattung, sie komme von wo
sie wolle, zusammen zu bringen, wenn man eine reichliche
Weinlese haben wolle*). Nach Theophrastus finden wir,
daß die künstliche Bodenmischung zu seiner Zeit ganz üblich
gewesen; die Leute, so scheint es, erkannten den Vortheil, den
leichten mit dem schweren, den fetten mit dem magern, kurz
alle der nach Natur nach einander entgegen gesetzte Bodengattungen mit einander zu vermischen. Diese Mischung, behauptet
er, ersetzt nicht nur, was dem seichten Boden an Tiefe abgeht,
sondern wirkt auch vortheilhaft auf beide, so daß ein ausge-
tragener Boden, auf diese Art behandelt, wieder anfängt
Erndten zu bringen und zwar mit erneueter Kraft, und daß
unfruchtbare Lehmäcker wieder ergiebig gemacht werden; ja, er
hielt diese Cultur=Methode sogar für einen vollen Stellvertreter
des Düngers. Die Bewohner von Megara befolgten dies System,
aber nebenbei hatten sie auch die Gewohnheit, jedes fünfte oder
sechste Jahr ihr Land zu rajolen, (indem sie es so tief gruben,
als sie glaubten, daß der Regen einbränge), und dabei den
Untergrund an die Oberfläche zu bringen; denn es galt als
Axiom unter den Landwirthen von Megara, daß die leichteren
zur Nahrung der Pflanzen geeigneten Bestandtheile der Erde
stets abwärts gespült werden, so weit die Wirkung des Ober-
wassers reicht.

Aus alle diesem aber ersehen wir, daß die Vortheile des
tiefen Pflügens oder des Untergrund = Pflügens eben keine
neueren Entdeckungen unsrer Zeit sind**)

Da die drei Erdarten, Kalk, Thon und Kieselerde die
Hauptbestandtheile aller cultivirten Aecker ausmachen, so sind
die reichsten Aecker die, in welchen jene drei Erdarten in den
fruchtbarsten Verhältnissen mit einander gemischt sind. Das
Uebermaß von irgend einem unter ihnen macht den Boden unfruchtbar.

---

*) Columella Lib. II. c. 16. p. 93.
**) Columella Lib. XI. c. 16. — Theophr. Lib. III. c. 25.

Die Kreide-Ländereien des südlichen Englands enthalten den kohlensauren Kalk und die Kieselerde in einem bei weitem zu starken Verhältnisse; dagegen mangelt es ihnen an Lehm, und ist dieser daher für sie ein vortrefflicher Dünger; diese Beimischung kann aber dann nur Vortheil bringen, wenn der Transport des Lehms irgend billig gestellt werden kann. Indeß dürfte das zur Fruchtbarmachung von Kreide- oder Sandboden erforderliche Quantum Lehm selten sehr bedeutend sein, und wird gewöhnlich nur in dem Verhältniß erfordert, um noch wohl die Kosten des Transports auf einer Eisenbahn zu tragen.

Der Landwirth muß aber nicht glauben, daß das, was man gewöhnlich Lehm nennt, ausschließlich Thonerde sei, denn solches ist nicht richtig; eine Gattung Lehmboden, von Sir H. Davy analysirt, von einem Felde in Sheffield-Place in Sussex genommen, enthielt etwa 28% Thonerde; eine andere von West Drayton 29%. Der Töpferthon enthält nur 33%, Porcellan-Erde nur 27%, und der Rest besteht aus Wasser, Kieselerde, Kalk und andern Substanzen. Die reichen Bodengattungen des Thals von Evesham enthalten etwa 15% Thonerde, der Sand von Holkham, durch die Einsicht des Lord Leicester unter Cultur gebracht, weniger als Ein Prozent, und der Sand von Bagshot kaum eine Spur davon*).

Der Boden von Bagshot bei London, nachdem er dem Rothglühen ausgesetzt worden, bestand aus:

grobem Kieselsand	380%
feinem Kieselsand	9%
eisenhaltigem Thon und kohlensaurem Kalk . .	11%
	400

Die Unkosten, einem so unfruchtbaren Sande das erforderliche Quantum anderer Erdarten beizumischen, sind selten so groß, um ein solches Unternehmen der Bodenverbesserung für hoffnungslos zu erklären. Auf den Vorschlag des jetzigen Erz-

---

*) Davy, 175—202.

bischofs von Dublin wurde Ein Acre eines Bodens von losem steinigtem Geschiebe, (Shingle) zu **Eastbourn in Sussex** mit Lehm zu 3 bis 4 Zoll überdeckt, was an Unkosten 16 Pfd. St. betrug; dieser Lehm hat eine Platte gebildet, die die fruchtbare Erbe fixirt 2c., welche letztere der Pächter selbst aufgeführt hat, der diesen Fleck auf 14 Jahre gepachtet hat. Und so ist denn, wie der würdige Besitzer dieses Bodens richtig bemerkt, „kein Strich Landes auf der Erde absolut und hoffnungslos unfruchtbar zu nennen." Der tiefe Lehmboden von **Sussex**, der **Weald** von **Kent**, und viele andere Gegenden in England enthalten gegentheils Thonerde in einem übermäßigen Verhältnisse; sie sind daher viel zu zähe, um ohne große Anstrengung bearbeitet werden zu können, sie halten das Regenwasser zu lange fest und schließen die atmosphärische Luft von dem Zutritt zu den Wurzeln der darauf wachsenden Pflanzen aus. Die Ackerung auf solchen Ländereien ist daher sehr mühsam und sehr kostspielig. Für solche Bodenart passen der Kalk und der Sand als wohlbekannte Verbesserer, aber hier tritt schon die Kostbarkeit des Transports dem Landwirth hindernd in den Weg, wenn er seinen Boden zu einer höhern Ergiebigkeit bringen will. Er kennt ganz gut die Ursache dieser Aermlichkeit, er kennt auch eben so gut das Heilmittel dagegen — klüglich aber überschlägt er die Kosten — und die Entfernung ist ihm häufig zu groß, um diesen Düngerstoff hinzuschaffen. Auf dem Haide-Sande von **Norfolk** könnten noch große Verbesserungen durch die Beimischung von Mergel gemacht werden. Herr **Kiddle** zu **Marsham in Norfolk** stellte viele Versuche mit dem sogenannten Lehm-Mergel an, den er aus vieljähriger Erfahrung für den besten auf Sandboden erachtete, selbst wenn er aus weiter Entfernung hergeholt werden müßte. **Com. Board of Agric. Vol. IV. p. 124**[*]).

---

[*]) Vor einigen Jahren, sagt der General **Vavasour**, kaufte ich außer andern Ländereien ein Feld von 10 Acres; es war ein Theil einer Gemeinhut und etwa 15 Jahre zuvor eingefriedigt gewesen und von Zehnten frei; der Boden sandig, mit Moorerde gemischt. Ich pflügte und säete das Feld in Abtheilungen mit verschiedenen Saaten,

Die ärmlichen treibenden Sandflächen von Norfolk, Suffolk und Bagshot Heath in der Nähe von London gewähren uns vor Augen liegende traurige Beispiele von hundert tausenden von Acres eines gut gelegenen Landes, die vollkommen unfruchtbar sind wegen eines Uebermaßes an Sand, da derselbe an einigen Orten im Verhältniß zu den andern Bestandtheilen wie 19 gegen 1 gefunden wird. Auf solchen Ländereien sind die einzigen natürlichen vegetabilischen Produkte die Farrn= und Haidekräuter und gelegentlich einige elende künstliche Anpflanzungen der Kiefer.

Dergleichen Ländereien aber verschafft die Eisenbahn unschätzbare Vortheile, indem sie ihnen den Lehm und die Kreide anderer Gegenden zuführt. Dieses sind hier die wohl bekannten Düngerstoffe, aber ihr Transport auf den gewöhnlichen Wegen kommt einem absoluten Verbot ihrer Anwendung gleich.

Diese Methode der Vertiefung und Verbesserung des Bodens ist, trotz aller Abzüge durch den schweren und kostbaren Transport, dennoch eben jetzt weit mehr verbreitet, als man billigerweise vermuthen sollte; so werden jährlich viele tausend Tonnen Kreide aus der Grafschaft Kent verschifft, zum Gebrauch der Pächter von Essex, die recht gerne drei Schillings p. Ton (zu 2240 Pfd.) in den Häfen von Maldon, Colchester oder Maningtree dafür bezahlen, und sie dann noch bis auf acht bis zehn Meilen (NB. engl.) ins Land hinein auf ihre Lehm= oder Kiesfelder führen, so daß sie ihnen 5 bis 6 S. p. Ton zu stehen kommt, ehe und bevor sie aufgestreuet ist. Dieser so kostbare Transport macht jene Pächter aber auch scharffinnig und gewitzigt in ökonomischen Hülfsmitteln. Sie mischen die Kreide mit Erde und streuen die Mischung aufs Land; andere bringen ihre Kreide auf Düngerhaufen, und noch

___

wovon die meisten fehlschlugen. Da ich aber etwa 400 Ellen von dem Felde entfernt ein reiches Lager von Lehm=Mergel entdeckte, so karrte ich 75 Cubic=Ellen davon p. Acre zu 10 Pence p. Elle oder 3 Pfd. St. p. Acre Unkosten. Die Folge war, daß der Werth des Feldes von 6 S. bis auf 1 Pfd. St. 1 S. p. Acre stieg. Com. Board of Agric. Vol. III. p. 529.

andere, um den Fuhrlohn zu ersparen, gebrauchen Kalk statt der Kreide, den sie ebenfalls mit Erde mischen. Durch einen direkten Versuch habe ich gefunden, daß 41 Tonnen Kalk soviel erdige Bestandtheile enthalten wie 100 Tonnen Kreide. Die Ersparung des Fuhrwerks ist demnach, wenn Kalk gebraucht wird, bedeutend und wichtig, aber der Kalk ist nicht allemal ein so wünschenswerther Düngerstoff wie die Kreide, und die erste Ausgabe ist bei weitem größer. In den Gegenden aber, wo Kreide nicht zu einem einigermaßen billigen Preise zu haben ist, und wo dagegen Kalksteine und Brennmaterial in Fülle vorhanden, da tritt beim Gebrauch von Kalk der Nutzen der Eisenbahn oder einer andern Transportweise als weit verbreitet hervor. Dieselben Bemerkungen passen auch in hohem Grade auf den gelegentlichen Transport von Lehm=Asche statt des ungebrannten Lehms, weil durch das Brennen des Lehms in Ziegelöfen seine erdigten düngenden Bestandtheile unversehrt bleiben, während sein Gewicht um die volle Hälfte vermindert wird. Ich bin daher der Meinung, daß in manchen Gegenden, wo das Brennmaterial billig ist, das Fuhrwerk des Lehms sich sehr ökonomisch wird einrichten lassen, wenn man ihn vorher dörrt oder brennt.

Für manche Bodenarten indeß würde das Brennen vielleicht nicht anzurathen sein, weil durch jenen Prozeß die Zähigkeit des Lehms bedeutend vermindert wird*).

Will man zur Ueberzeugung von den wahrscheinlichen Vortheilen gelangen, die die einsichtige Beimischung der verschiedenen Erdarten behufs der Fruchtbarmachung gewährt, so darf man nur, indem man dem Laufe einer Eisenbahn oder eines Canals in Rücksicht der Beschaffenheit des Bodens der jedesmaligen Gegend, folgt, die verschiedenen Erdschichten ins Auge fassen, über welche ihr Weg führt. Wir nehmen als Beispiel die London = Birmingham = Eisenbahn; nachdem diese über den Grandboden von **Middlesex** gegangen, für welchen

---

*) Anmerk. d. Uebers.: Auf fliegendem Sande z. B. würde der bündige rohe Lehm ungleich vortheilhafter sich erweisen.

die Kreide ein vorzüglicher Verbesserer ist, erreicht sie in der Nähe von **Watford** die Kreide-Formationen von **Hertfordshire**, aus welchen ein unerschöpflicher Vorrath von Kreide zu gewinnen ist. Die Bahn läuft einige Meilen auf dieser Kreide fort, und kommt sodann, nachdem sie den Grand und die Kreide von **Buckinghamshire** passirt hat, auf den strengen Lehmboden von **Northhamptonshire** und **Warwickshire**, der reich an Thonerde ist, um wieder den Kalkdistrict zu verbessern. Dieser Lehmboden erhält seinerseits eine große Fruchtbarkeit durch den Zusatz von Kreide. Oder man untersuche den Lauf der **London-Southampton-Bahn**; man folge ihr durch die milden Lehme, die Kiese, die strengen Lehme und die Haiden von **Surrey** und **Hampshire**, welche alle durch die Kreidebeimischungen jetzt in ein neues Leben treten, bis sie bei **Basingstoke** queer über die große südliche Kreide-Formation geht, die sich bis wenige Meilen vor Southampton erstreckt, wo sie wieder in den Grand übertritt. Vermittelst dieser Eisenbahn wird alsbald der schwere Lehm von **Hampshire** sich mit der Kreide mischen, und diese Kreide wiederum dazu dienen, den Kiesboden zu befruchten, wovon der **New Forest** ein so vollständiges Beispiel liefert. Für den Fall der Ausführung der vorgeschlagenen **Brighton-** und südöstlichen Eisenbahn eröffnen sich die nehmlichen Aussichten. Da befindet sich die Kreide-Formation, die sich von **Brighton** mehre Meilen längs ihrem Laufe ausdehnt, wo der Boden von der dürftigsten Beschaffenheit wegen des fast gänzlichen Mangels an Lehmtheilen ist, welche nun wiederum diese Eisenbahn sofort würde liefern können, da sie, nachdem sie die Kreide verläßt, unmittelbar auf die strenge Lehm-Formation übertritt. Sodann geht sie queer über einen Sandboden, und noch einmal über einen Lehm-District, läuft dann abermals durch Sand und endigt zuletzt bei ihrer Vereinigung mit der südöstlichen Bahn in einem andern sehr ausgedehnten Kreide-District.

Ein so steter Wechsel von Erdschichten, die gegenseitig den Dünger für einander abgeben, muß nothwendig eine Eisenbahn, die über sie alle fortläuft, höchst wohlthätig für den Ackerbau der benachbarten Districte machen, und ich zweifle nicht, daß durch die Vermittelung einer oder der andern Eisenbahn die Kreiden von Sussex dereinst gegen die steifen Lehme des Weald of Kent in ungeheurer Ausdehnung werden ausgetauscht werden, da sie beide gegenseitig für einander so fruchtbringend sind. Auf dieselbe Weise werden sich auch die Kalksteine von Somersetshire mit dem strengen Lehm derselben Grafschaft und der Grafschaft Devonshire durch die Eisenbahn von Bristol und Exeter verbinden. Es ist indeß unnöthig, die Beispiele zu vervielfältigen von den sicheren Erfolgen, die aus der Benutzung der Eisenbahnen zum fruchtbarmachenden Tausche der verschiedenen Bodenarten entspringen werden.

Für den Liebhaber großartiger Thatsachen will ich noch der weiten Strecke von Chat Moss (eines ausgedehnten losen Moorbodens) erwähnen, zur Seite der Eisenbahn zwischen Liverpool und Manchester gelegen, die seit kurzem rasch unter Kultur gekommen ist, und zwar lediglich durch die Vermittelung jenes großartigen Werks.

Wer diese Gegend nicht kennt, kann sich keinen betrübteren und absolut sterileren Strich Landes denken, als diese Haide, die mehre (engl.) Quadrat-Meilen Ausdehnung hat. Sie ist unfruchtbar, weil ihr Boden fast gänzlich aus hungrigen, unthätigen vegetabilischen Ueberresten besteht, mit Wasser und Eisensalzen gesättigt. Ja es ist in Wahrheit ein zitternder schwammiger Torf-Sumpf, der nur die gemeinsten Haide-Pflanzen trägt, und selbst diese können nur knapp ihr armseliges Leben darauf fristen.

Die Pächter in Lancashire kannten nur zu gut die Ursache dieser Unfruchtbarkeit, und eben so kannten sie ihre Remedur und Abhülfe; sie wußten wohl, daß Lehm oder Kalk, oder beides vereint, reichlich über der Oberfläche verbreitet, rasch genug die Haide fruchtbar machen würde; denn es war lediglich das Uebermaaß vegetabilischer Stoffe und Mangel an erdigten Bestandtheilen, was sie so unfruchtbar machte; aber die Kosten des Transports gewährten ein unübersteigliches Hinderniß — Und jetzt? — Jetzt erblickt der Reisende auf der Eisenbahn, recht

mitten in diesem großen Sumpf, wohl bearbeitete, niedlich ein-
gerichtete Felder mit blühenden Saaten von Haber, Weißen
und Kartoffeln, er sieht Wohnungen der Pächter und der kleinen
Leute aufgeführt, Erde gestreuet, Gräben geöffnet, und den
Pflüger sieht er einträglich beschäftigt, da, wo noch vor we-
nigen Monaten ein ewiges und ununterbrochenes Stillschweigen,
wie in der Wüste, herrschte; sogar Baumpflanzungen erheben
sich schon üppig darauf, und es hat der Acker bereits mehr
Festigkeit erlangt, als man anfangs zu hoffen berechtigt
war! Und doch ist die hohle Beschaffenheit dieses Haidebodens aus
der Thatsache schon recht ersichtlich, daß der Ingenieur der Eisenbahn, Herr Stephenson, nur mit Mühe im Stande gewesen
ist, seinem Werke eine sichere Erd-Grundlage zu verschaffen.
Ein Versuch, Pfähle darin einzurammen, wurde in Ver-
zweiflung wieder aufgegeben — die Pfähle waren im Verlaufe
einer einzigen Nacht vom Sumpfe verschlungen! — Nur durch
die Benutzung solcher Verbesserungen in Kunst und Wissenschaft
kann der Pächter hoffen, durch Bereicherung seines Bodens,
Schritt zu halten mit den Anforderungen einer rasch zuneh-
menden Bevölkerung, und aus der innigen Ueberzeugung von
den großen Vortheilen einer gehörigen Beachtung der Zusammensetzung der Bodenarten und deren Befruchter habe ich
es schon oft gewagt, den Ackerbauer auf die Wichtigkeit solcher
Forschungen und Untersuchungen aufmerksam zu machen; ja es
ist eine Angelegenheit selbst von nationeller Be-
deutsamkeit, indem ein jeder Schritt zur Verbesserung dahin
zielt, das Land mehr und mehr unabhängig von fremden Zu-
fuhren und fremden Hülfen zu machen.

Gewiß ist bisher nur wenig in dieser Beziehung geschehen in Vergleich mit dem, was künftig
bereinst ausgeführt werden wird. Und dennoch wird
es dem oberflächlichsten Beobachter nicht entgehen können, daß
es dem Englischen Pächter bereits gelungen ist, so ziemlich
Schritt zu halten mit dem erstaunenswürdigen Wachsthum der
Bevölkerung der letzten Hälfte des Jahrhunderts. Die Bevölkerung hat sich in diesem Zeitraume vielleicht um das Dop-

pelte vermehrt, und dennoch kann man fast mit Sicherheit annehmen, daß das Land, in Jahren einer durchschnittlichen Mittelernbte, vermöge der seitdem angewandten Verbesserungen im Ackerbau, dennoch hinlänglich produzirt habe, um alle seine Kinder zu ernähren.

Möge indeß der Landwirth ja nicht glauben, daß die Quellen der Wissenschaft schon mehrentheils erschöpft seien; die Erfahrung von Jahrhunderten muß ihm beweisen, daß die Fortschritte, die bisher sicheren Ganges in der Bearbeitung des Bodens gemacht worden sind, bisher noch keinesweges irgend auch nur Andeutungen eines solchen Resultates geliefert haben — denn so wie ein Fortschritt gemacht worden, so wie die Masse der Kenntnisse sich vergrößert hat, so erweitert sich auch verhältnißmäßig immer mehr und mehr das Feld zu ferneren Verbesserungen.

Der Untergrundspflug.

Der hier angegebene Maaßstab ist der Englische und der ganze Pflug von Eisen.

Die äußerste Länge des Pflugbalkens beträgt ohngefähr 15 Fuß.

Von dem Oehr an der Spitze des Balkens bis zur ersten Griessäule 6 Fuß.

Von da bis hinter die zweite Griessäule 19 Zoll.

Von da bis an die Spitze der Sterzen 7 Fuß.

Von der Sohle bis zur unteren Fläche des Balkens an den Griessäulen 19 Zoll.

Länge des Pflughaupts 30 Zoll.

Von der Hacke der Schaar-Sohle bis zur Spitze des Schuhes der Schaar 46 Zoll.

Größte Breite der Schaar 8 Zoll.

Das Sech ist gekrümmt, und um zu verhindern, daß seine Spitze durch Steine aus ihrer Lage komme, so ist es auf Zoll-Tiefe in eine Tille eingelassen (a).

Die Seiten-Dimensionen des Sohlenstücks betragen 2 []Zoll.

Das Sohlenstück ist sowohl unten als an der sogenannten Landseite (die perpendiculair stehende linke Seite des Pfluges

heißt die Landseite desselben) mit einer zweiten Sohle von Guß-
eisen belegt, um der zu raschen Abnutzung zu begegnen.

Die Schaar reicht auf gewöhnliche Weise bis ans Pflug-
haupt, und von ihrer Feder (d. h. die geschweifte Schneide-Seite
der Schaar) erhebt sich das Spornstück (b), um die Untergrundsfurche zu brechen.

Wenn. der Untergrund aus festem Thon oder einer andern
strengen Erdart besteht, so kann man die Feder und das Spornstück entbehren, und sich statt deren eines einfachen Keils oder
einer speerartigen Schaar bedienen, wie solche sich am alten
schottischen Pfluge befindet.

Die Zugstange oder Zugruthe (c) ist rund, von Eisen und
1¼ Zoll stark; sie wird befestigt an dem Balken bei dem starken
Oehr (d), geht sodann durch das Oehr in den aufrecht stehenden
Stift (e) und läßt sich nach Belieben stellen, sowohl hoch und
niedrig als auch seitwärts, indem sie in der Tille (f) an der
Spitze des Balkens beweglich ist, und kann auf beliebige Weise
festgestellt werden durch eine Stellschraube, die durch den
Heber (g) in Bewegung gesetzt wird.

Durch die gehörige Stellung der Zugruthe wird die Rich-
tung der Pferdekraft in der Art festgestellt, daß die Leitung des
Pfluges zu jeder Tiefe oder Breite der Furche so leicht als
möglich wird.

Der Pflugbalken ist in der Mitte seiner Länge ohngefähr
5 Zoll hoch und 1¼ Zoll dick.— gegen das Zugende hin nimmt
er allmählig ab, bis auf 3 Zoll Höhe und 1 Zoll Dicke; an
dem Punkt aber, wo die beiden Sterzen auseinander gehen, ist
er 2 Zoll hoch und 1 Zoll dick.

Der vollständige Pflug wiegt 400 Pfund imper. measure.
Es scheint dieses ein ungeheures Gewicht, und fast Jedermann
erschrickt über die Stärke und Schwere dieses Ackerinstruments
— aber nach wiederholt angestellten Versuchen mit leichteren
Pflügen, haben sich dennoch die Pflüge von den hier angegebe-
nen Dimensionen als diejenigen erwiesen, die den Zweck mit
Einemmale am wirksamsten erreichten, die die verhältnißmäßig
geringste Zugkraft erforderten und zugleich für den Pflüger die
bequemsten waren.

Der Untergrundspflug.

Fig. I.

Fig. II.